Fraunhofer-Institut für
System- und Innovationsforschung ISI

ISI-Schriftenreihe »Innovationspotenziale«

Bernd Beckert, Susanne Bührer, Ralf Lindner

Intersektorale Mobilität als Form des Wissenstransfers zwischen Forschung und Anwendung

Verläufe und Motive von „Seitenwechseln"

Fraunhofer IRB Verlag

Kontaktadresse:
Fraunhofer-Institut für
System- und Innovationsforschung ISI
Breslauer Straße 48
76139 Karlsruhe
Telefon   0721 6809 - 0
Telefax   0721 689152
E-Mail   info@isi.fraunhofer.de
URL   www.isi.fraunhofer.de

Das diesem Buch zu Grunde liegende Vorhaben wurde mit Mitteln des Bundesministeriums für Bildung und Forschung unter dem Förderkennzeichen 07SPR40 gefördert. Die Verantwortung für den Inhalt dieser Veröffentlichung liegt bei den Autoren.

Druck und Weiterverarbeitung:
IRB Mediendienstleistungen
Fraunhofer-Informationszentrums Raum und Bau IRB, Stuttgart

Alle Rechte vorbehalten

Dieses Werk ist einschließlich aller seiner Teile urheberrechtlich geschützt. Jede Verwertung, die über die engen Grenzen des Urheberrechtsgesetzes hinausgeht, ist ohne schriftliche Zustimmung des Verlages unzulässig und strafbar. Dies gilt insbesondere für Vervielfältigungen, Übersetzungen, Mikroverfilmungen sowie die Speicherung in elektronischen Systemen.

Die Wiedergabe von Warenbezeichnungen und Handelsnamen in diesem Buch berechtigt nicht zu der Annahme, dass solche Bezeichnungen im Sinne der Warenzeichen- und Markenschutz-Gesetzgebung als frei zu betrachten wären und deshalb von jedermann benutzt werden dürften.

Soweit in diesem Werk direkt oder indirekt auf Gesetze, Vorschriften oder Richtlinien (z.B. DIN, VDI) Bezug genommen oder aus ihnen zitiert worden ist, kann der Verlag keine Gewähr für Richtigkeit, Vollständigkeit oder Aktualität übernehmen.

© Fraunhofer IRB Verlag, 2008
ISBN 978-3-8167-7536-2
Fraunhofer-Informationszentrum Raum und Bau IRB
Postfach 800469, 70504 Stuttgart
Nobelstraße 12, 70569 Stuttgart
Telefon   0711 970-2500
Fax   0711 970-2508
E-Mail   irb@irb.fraunhofer.de
URL   www.irb.fraunhofer.de

Fraunhofer Institut
System- und
Innovationsforschung

Intersektorale Mobilität als Form des Wissenstransfers zwischen Forschung und Anwendung

Verläufe und Motive von „Seitenwechseln"

Fraunhofer Institut für System- und Innovationsforschung
(Fraunhofer ISI)
Breslauer Str. 48
76131 Karlsruhe
Tel.: 0721/6809-171
E-Mail: Bernd.Beckert@isi.fraunhofer.de

Dr. Bernd Beckert (Projektleitung)
Dr. Susanne Bührer
Dr. Ralf Lindner

Unter Mitarbeit von
Dr. Bernd Ebersberger
Dr. Sibylle Hinze

Karlsruhe im September 2007

Inhalt   Seite

Tabellenverzeichnis .... **V**

Abbildungsverzeichnis .... **IX**

Teil A: Fragestellung und konzeptioneller Rahmen **1**

A-1   Einleitung **1**

A-2   Konzeptioneller Rahmen: Intersektorale Mobilität als Instrument des Wissenstransfers **3**

    A-2.1 Idealtypische Vorstellungen vom Ablauf des Innovationsprozesses 3

    A-2.2 Das Spektrum der Transfermechanismen 5

    A-2.3 Wissenstypen 7

    A-2.4 Die Bedeutung der intersektoralen Mobilität im Spektrum der Transfermechanismen 8

    A-2.5 Wie kann man intersektorale Mobilität empirisch fassen? 9

    A-2.6 Negative Effekte hoher intersektoraler Mobilität 11

    A-2.7 Durchlässigkeit des nationalen Innovationssystems für Wissenstransfer über Köpfe 12

    A-2.8 Qualitative Aspekte der Wissenschaftlermobilität: Arten der Wissensproduktion 14

    A-2.9 Welcher Sektor wird untersucht? 16

    A-2.10 Politische Maßnahmen zur Förderung intersektoraler Mobilität 18

    A-2.11 Determinanten von Mobilitätsentscheidungen 19

    A-2.12 Ziel der Studie und Leitfragen 22

Teil B: Methodisches Vorgehen 25

B-1 Bibliometrische Analyse 26

    B-1.1   Bibliometrische Beschreibung des Feldes der deutschen
              biomedizinischen Forschung 26

    B-1.2   Identifikation von kooperationserfahrenen
              Wissenschaftlerinnen und Wissenschaftlern 29

B-2 Schriftliche Befragung 33

    B-2.1   Fragebogenentwicklung und Versand 33

    B-2.2   Der Rücklauf 35

    B-2.3   Frauenanteil im Sample und bei den Rückläufern 38

    B-2.4   Beschreibung des Samples 39

B-3 Interviews 43

Teil C: Verläufe, Motive und Wirkungen intersektoraler Mobilität 45

C-1 Einleitung 45

C-2 Mobilitätsformen 47

    C-2.1   Typische Karriereverläufe im Sample 49

    C-2.2   Dauer des Aufenthalts und Anzahl der Wechsel 52

    C-2.3   Ortswechsel und Wechsel ins Ausland 55

    C-2.4   Intra- und intersektorale Wechsel 55

C-3 Motive für den Wechsel 59

C-4	Informationsquellen	64
C-5	Mobilitätsdeterminanten	66
C-6	Wirkungen der Mobilität	68
C-6.1	Wirkungen der Mobilität auf die Karriere	69
C-6.2	Wirkung der Mobilität auf Publikations- und Patentaktivitäten	70
	C-6.3 Wirkung der Mobilität auf fachliche Beziehungen und Netzwerke	73
	C-6.4 Verändert der Wechsel die Art der Wissensproduktion?	76
C-7	Der Einfluss ausgewählter Persönlichkeitsmerkmale auf das Mobilitätsverhalten	79
	C-7.1 Gender-Differenzen im Mobilitätsverhalten	79
	C-7.2 Alters-Differenzen im Mobilitätsverhalten	85
	C-7.3 Status-Differenzen im Mobilitätsverhalten	87
C-8	Einordnung der Mobilität im Vergleich zu anderen Formen des Wissens- und Technologietransfers	94
Teil D:	Förderliche und hemmende Faktoren für die intersektorale Mobilität	99
D-1	Förderliche Faktoren	99
D-2	Hemmende Faktoren	102

Teil E: Politische Programme zur Förderung intersektoraler Mobilität 107

E-1 Angaben und Einschätzungen der Befragten zum Thema politische Förderung der Wissenschaftlermobilität 107

E-2 Darstellung ausgewählter Programme zur Förderung intersektoraler Mobilität 110

    E-2.1 Vorbemerkung 110

    E-2.2 Prinzipielle staatliche Fördermöglichkeiten 111

    E-2.3 Beispiele in Deutschland 113

    E-2.4 Beispiele in ausgewählten Ländern Europas 116

    E-2.5 Beispiele auf EU-Ebene 120

    E-2.6 Zusammenfassung 121

E-3 Schlussfolgerungen 122

Teil F: Zusammenfassung und wissenschaftspolitische Anknüpfungspunkte 125

Literatur 129

Tabellenverzeichnis

Tabelle 1:	Zugänge in den Bereich „Higher Education Institutes" (HEI) im Zeitraum von 1995-1996 (Inflow into HEI)	10
Tabelle 2:	Abgänge aus dem Bereich „Higher Education Institutes" (HEI) im Zeitraum von 1995-1996 (Outflow of HEI)	11
Tabelle 3:	Anteil der Biomedizin/ Biotechnologie Publikationen am gesamten Publikationsaufkommen	27
Tabelle 4:	Jährliche Wachstumsraten 1994-2003	28
Tabelle 5:	Verteilung der Rückläufer über die drei Gruppen	36
Tabelle 6:	Reduktion durch die Immobilen: Verhältnis zur Grundgesamtheit	41
Tabelle 7:	Reduktion durch fehlende Jahresangaben: Verhältnis zur Grundgesamtheit	42
Tabelle 8:	Häufigkeit der Wechsel zwischen unterschiedlichen Institutionen aus der Perspektive des jetzigen Arbeitsortes	47
Tabelle 9:	Häufigkeit der Wechsel zwischen unterschiedlichen Institutionen auf der Basis der tatsächlichen Chronologie der Wechsel	48
Tabelle 10:	Mobilitätsmuster inklusive Berufseinsteigern	50
Tabelle 11:	Intra- versus intersektorale Mobilität	51
Tabelle 12:	Durchschnittliche Aufenthaltsdauer am Zielort	52
Tabelle 13:	Häufigkeit der Wechsel in Abhängigkeit des Zielortes	53
Tabelle 14:	Zielortauswahl und sozio-ökonomischer Status	54
Tabelle 15:	Ortswechsel sowie Wechsel ins Ausland in Abhängigkeit des Zielorts	55
Tabelle 16:	Intra- und intersektorale Wechsel nach sozio-ökonomischem Status	56
Tabelle 17:	Ortswechsel bei intra- und intersektoralen Wechseln	57
Tabelle 18:	Häufigkeit der Wechsel bei intra- und intersektoralen Wechseln	57
Tabelle 19:	Wechselmotive in Abhängigkeit des Zielortes	59

Tabelle 20:	Wechselmotive bei intra- und intersektoralen Wechseln	62
Tabelle 21:	Nutzung von Informationsquellen in Abhängigkeit des Zielsektors	64
Tabelle 22:	Genutzte Informationsquellen bei inter- und intrasektoralen Wechseln	65
Tabelle 23:	Determinanten der INTRA-sektoralen Mobilität	67
Tabelle 24:	Wirkungen des Wechsels auf die berufliche Laufbahn	69
Tabelle 25:	Wirkungen des Wechsels auf die berufliche Laufbahn bei inter- und intrasektoralen Wechseln	69
Tabelle 26:	Wirkungen des Wechsels auf die Publikations- und Patentaktivitäten	70
Tabelle 27:	Wirkungen des Wechsels auf die Publikations- und Patentaktivitäten bei intra- und intersektoralen Wechseln	71
Tabelle 28:	Motive für den Wechsel und ihre Auswirkungen auf Publikations- und Patentaktivitäten	73
Tabelle 29:	Wirkungen des Wechsels auf die Beziehungen und Netzwerke	74
Tabelle 30:	Wirkungen des Wechsels auf die Beziehungen und Netzwerke bei intra- und intersektoralen Wechseln	75
Tabelle 31:	Art der Forschung am Zielort	77
Tabelle 32:	Art der Forschung am Zielort nach Wechseltypus	77
Tabelle 33:	Durchschnittliche Wechselhäufigkeit von Männern und Frauen im Vergleich	79
Tabelle 34:	Zielinstitution in Abhängigkeit von Gender	80
Tabelle 35:	Art der Forschung in Abhängigkeit von Gender	80
Tabelle 36:	Aufenthaltsdauer in Abhängigkeit von Gender	80
Tabelle 37:	Häufigkeit der Wechsel in Abhängigkeit von Gender	81
Tabelle 38:	Orts- und Auslandswechsel in Abhängigkeit von Gender	81
Tabelle 39:	Herkunftsinstitution in Abhängigkeit von Gender	82
Tabelle 40:	Wechselmotive in Abhängigkeit von Gender	82
Tabelle 41:	Informationsquellen in Abhängigkeit von Gender	83

Tabellenverzeichnis

Tabelle 42:	Auswirkungen auf das berufliche Netzwerk in Abhängigkeit von Gender	84
Tabelle 43:	Wirkung des Wechsels auf die Publikations- und Patentaktivitäten in Abhängigkeit von Gender	85
Tabelle 44:	Altersmuster im Mobilitätsverhalten	86
Tabelle 45:	Mobilität von ForscherInnen im Alter zwischen 25 und 35 Jahren	86
Tabelle 46:	Zielorte in Abhängigkeit des beruflichen Status	88
Tabelle 47:	Häufigkeit der Wechsel in Abhängigkeit des beruflichen Status	89
Tabelle 48:	Art der Forschung nach beruflichem Status	89
Tabelle 49:	Ortswechsel nach beruflichem Status	90
Tabelle 50:	Wechselmotive nach beruflichem Status	90
Tabelle 51:	Genutzte Informationsquellen nach beruflichem Status	91
Tabelle 52:	Auswirkungen auf Beziehungen und Netzwerke nach beruflichem Status	92
Tabelle 53:	Wirkung auf die Karriere nach beruflichem Status	93
Tabelle 54:	Wirkung auf die Publikations- und Patentaktivitäten nach beruflichem Status	93
Tabelle 55:	Förderliche Faktoren in der Einschätzung der drei Sektoren (Mehrfachantworten möglich)	100
Tabelle 56:	Hemmende Faktoren in der Einschätzung der drei Sektoren (Mehrfachantworten möglich)	103
Tabelle 57:	Grundlegende Typen von Steuerungsinstrumenten	112

Abbildungsverzeichnis

Abbildung 1:	Lineares Modell des Innovationsprozesses	3
Abbildung 2:	Rekursives Innovationsmodell nach Kline und Rosenberg	4
Abbildung 3:	Ausgewählte Formen des Wissenstransfers zwischen Wissenschaft und Wirtschaft	6
Abbildung 4:	Mechanismen des Wissens- und Technologietransfers	7
Abbildung 5:	Der öffentliche Forschungskontext als Turm oder Pyramide	13
Abbildung 6:	Entwicklungstrends in der Biomedizin/Biotechnologie	27
Abbildung 7:	Spezialisierung ausgewählter Länder	28
Abbildung 8:	Wechselerfahrung aus Frage 3: Ausschnitt aus dem Fragebogen (für Forscher an Universitäten/ außeruniversitären Einrichtungen)	34
Abbildung 9:	Rücklaufquoten in den drei Gruppen	37
Abbildung 10:	Verteilung der Rückläufer über die drei Gruppen	37
Abbildung 11:	Frauenanteil in den Sektoren (Rückläufer) in Prozent	38
Abbildung 12:	Idealtypische Wechselfolge zur Illustration der Perspektive der Wechsel	45
Abbildung 13:	Relative Häufigkeit der Mobilität zu den einzelnen Sektoren	87
Abbildung 14:	Kooperationserfahrungen der Befragten	95
Abbildung 15:	Publikationsfördernde Wirkung ausgewählter Kooperationsformen	96
Abbildung 16:	Patentfördernde Wirkung ausgewählter Kooperationsformen	97
Abbildung 17:	Förderliche Faktoren für intersektorale Mobilität	99
Abbildung 18:	Hemmende Faktoren für intersektorale Mobilität	102
Abbildung 19:	Hemmende Faktoren für Mobilität, angegeben von Wechslern	105
Abbildung 20:	Hemmende Faktoren für Mobilität, angegeben von Immobilen	105

Teil A: Fragestellung und konzeptioneller Rahmen

A-1 Einleitung

Was im Mittelalter die *peregrinatio academica*, die akademische Pilgerreise war, ist heute für Forscher in den Natur- und Ingenieurswissenschaften zu einer Reise geworden, die sich zwischen Stationen in der öffentlichen Forschung und der Forschung im Unternehmenskontext bewegt. Doch während früher Weisheit und höhere religiöse Weihen Ziele der Reise waren, steht heute die Umsetzung von wissenschaftlichen Erkenntnissen in marktfähige Produkte und die Generierung von naturwissenschaftlich-technischen Innovationen im Vordergrund. Dabei verläuft die Wissensproduktion in den High-Tech-Bereichen oft nicht mehr in den traditionellen Grenzen von Disziplinen und Sektoren, sondern spielt sich in heterogenen Netzwerken ab und ist durch iterative und rekursive Prozesse gekennzeichnet.

Voraussetzung für diese Art der Wissensgenerierung sind hochmobile, flexible Wissenschaftler, die von der Grundlagenforschung in die angewandte Forschung und wieder zurück wechseln, die sich in den Forschungslabors von Universitäten genauso auskennen wie in jenen von Unternehmen und die nach einer Arbeitsperiode bei einem Unternehmen idealerweise wieder zurück in die Grundlagenforschung wechseln. Die Bedeutung des persönlichen Wechsels als Instrument des Wissens- und Technologietransfers wird durch die Tatsache unterstrichen, dass nicht-kodifiziertes, implizites Wissen eine bedeutende Rolle im Innovationsprozess spielt. Deshalb gelten Transferformen, die einen direkten persönlichen Kontakt beinhalten, als besonders effektiv.

Allein, - und dies verbindet die moderne Forscherkarriere wiederum mit der mittelalterlichen akademischen Pilgerreise - die Zahl der Forscher, die derartige „Reisetätigkeiten" auf sich nehmen, ist gering. Obwohl keine verlässlichen Zahlen zu den Wechselaktivitäten von Forschern vorliegen, gilt als ausgemacht: Das deutsche Forschungssystem ist nicht durchlässig genug, der Wissenstransfer über „Köpfe" funktioniert nicht zufriedenstellend und es fehlt insgesamt an Wissenschaftlern, die bereit sind, über den Geltungsbereich ihrer eigenen Forschung hinauszuschauen und intersektoral zu wechseln.

Woran liegt es, dass deutsche Wissenschaftler offenbar weniger als ihre Kollegen in anderen Ländern bereit sind, zwischen der Universität, außeruniversitären Forschungsinstituten und der Unternehmensforschung hin- und herzuwechseln? Welche Motive sind ausschlaggebend für einen Wechsel? Gibt es typische Karriereverläufe von Wechslern und Nicht-Wechslern? Welche Auswirkungen haben intersektorale Wechsel für die Karriere der einzelnen Wissenschaftler und wie wirken sie sich auf deren Publikations- und Patentaktivitäten aus? Gibt es im deutschen Innovationssystem möglicherweise Alternativen zum persönlichen

Wechsel, die sich ähnlich positiv auf den Wissens- und Technologietransfer auswirken?

Diese Fragen stehen im Mittelpunkt des vorliegenden Endberichts, der die Ergebnisse des Projekts „Brain Exchange - Brain Drain? Intersektorale Mobilität von Wissenschaftlern" präsentiert. Die Ergebnisse basieren auf einer Befragung von 178 mobilen Wissenschaftlerinnen und Wissenschaftlern, die in einem umfangreichen Fragebogen ihre Karrierestationen angegeben und Gründe für den Wechsel sowie Auswirkungen des jeweiligen Wechsels benannt haben. Die Fragebogenergebnisse wurden in anschließenden Interviews mit ausgewählten Forschern vertieft und erweitert. Die Wissenschaftler waren im Bereich der biomedizinischen bzw. biopharmakologischen Forschung tätig - einem Bereich, der als besonders zukunftsträchtig und hinsichtlich neuer Kooperationsanforderungen und -möglichkeiten zwischen universitärer und Unternehmensforschung als beispielhaft gilt.

A-2 Konzeptioneller Rahmen: Intersektorale Mobilität als Instrument des Wissenstransfers

A-2.1 Idealtypische Vorstellungen vom Ablauf des Innovationsprozesses

Die Frage, wie und wo Wissens- und Technologietransfer wirksam werden kann, hängt eng mit den Vorstellungen vom Ablauf des Innovationsprozesses zusammen. In den sechziger und siebziger Jahren herrschten Modelle eines linearen Prozesses vor, bei denen die Phasen der Grundlagenforschung, der angewandten Forschung, der Entwicklung und der Markteinführung aufeinander folgten (Abbildung 1). Nach diesem Konzept sind wissenschaftliche Einrichtungen für die grundlegende Forschung und Unternehmen für angewandte Forschung, Entwicklung und Markteinführung zuständig. Technologietransfer ist in dieser Sicht ein punktueller Vorgang am Übergang zwischen grundlegender und angewandter Forschung (vgl. Schmoch et al. 2000, S. 4ff sowie Godin 2006).

Abbildung 1: Lineares Modell des Innovationsprozesses

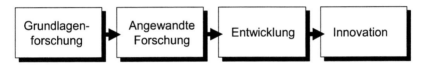

Quelle: Schmoch et al. 2000, S. 5

Seit den achtziger Jahren ist bekannt und vielfach verifiziert, dass es keine strikte Phasenfolge im Sinne eines linearen Modells gibt. Vorgeschlagen wurden stattdessen zirkuläre Modelle, bei denen zwar die Ausgangsidee noch aus der Grundlagenforschung stammen kann, die weiteren Innovationsimpulse jedoch von den Unternehmen bzw. vom Markt kommen (vgl. die Darstellung in Schmoch et al 2000, S. 5 sowie Buijs 2003). Die zirkulären Modelle lassen jedoch offen, wie der Beitrag wissenschaftlicher Einrichtungen in fortgeschrittenen Phasen des Produktzyklus aussehen kann. Ihr Vorteil ist, dass sie die Nachfrageseite konzeptionell in den Innovationsprozess mit einbeziehen und dass sie deutlich machen, dass auch von dort wichtige Impulse für den Transfer ausgehen können.

Einen erheblichen Einfluss auf die internationale Diskussion hatten und haben rekursive Modelle des Innovationsprozesses, wie sie erstmals von Kline (1985) vorgeschlagen und von Kline und Rosenberg (1986) weiterentwickelt wurden (siehe Abbildung 2).

Abbildung 2: Rekursives Innovationsmodell nach Kline und Rosenberg (1986), p. 290

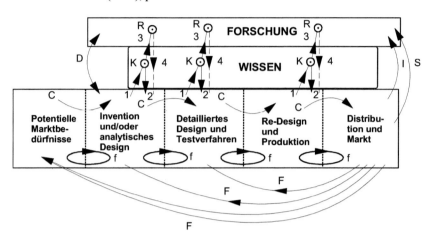

Quelle: Koschatzky 2005, S. 53

In dieser Vorstellung gibt es keine sequenzielle Abfolge der verschiedenen Phasen des Innovationsprozesses. Diese sind vielmehr untereinander in rekursiver Form vernetzt, so dass sie mehrfach durchlaufen werden können. Darüber hinaus sind Innovationsstufen im Unternehmen, wie Erfindung, Konstruktion, Produktion und Vermarktung mit den Bereichen Wissen und Forschung verknüpft, wobei auch hier rekursive Schleifen durchlaufen werden können. Aus Sicht des Transfers zwischen wissenschaftlichen Einrichtungen und Unternehmen ergibt sich aus dem Modell, dass eine Beteiligung der wissenschaftlichen Einrichtungen in jeder Stufe des Innovationsprozesses möglich ist, da nicht nur bei der grundlegenden Konzeption eines Produkts oder Prozesses das Heranziehen externen Wissens sinnvoll sein kann. Der wesentliche Nachteil rekursiver Modelle besteht darin, dass eine Vorstellung von zeitlichen Abläufen verloren geht und dass die Interaktion zwischen wissenschaftlichen Einrichtungen und Unternehmen nicht explizit thematisiert wird.

Auch andere Modelle der Wissensproduktion, die von rekursiv verknüpften Ursache-Wirkungs-Ketten ausgehen, wie z. B. das Wellen-Zyklen-Modell, das Evolutionsmodell, das Ketten- oder Reisemodell (Braun Thürmann 2005, S. 31) sehen die klassischen Zuschreibungen von Grundlagenforschung und angewandter Forschung im Auflösen begriffen. Da es „kreuz und quer" zugeht, wie Knie und Simon (2006, S. 11) es ausdrücken, d. h. da alle möglichen Akteure und Bereiche wie Hochschulen, Forschungseinrichtungen, Unternehmen, Kapitalmärkte, strategische Allianzen der Anbieter in den Innovationsprozess eingebunden sind, lässt sich das lineare Modell nicht mehr aufrecht erhalten. Ob dies allerdings zur Folge hat, dass die institutionalisierten Forschungsprofile nur noch zu einer „folkloristischen Beschreibung" (Knie; Simon 2006, S. 12) taugen, ist offen. Denn bislang basieren die empirischen Evidenzen für rekursive Modelle auf Einzelfallbeschreibungen und fallbasierten Netzwerkanalysen und es fehlt der Nachweis ihrer Gültigkeit in unterschiedlichen Wissens- und Technologiefeldern (vgl. z. B. Weingart 2001, S. 191-198). Und obwohl sich die Hinweise auf eine veränderte Wissensproduktion häufen, spielen lineare Modelle mit ihrer vordergründigen Evidenz nach wie vor eine wichtige Rolle bei der Konzeption politischer Maßnahmen zum Wissens- und Technologietransfer (vgl. Schmoch et al. 2000, S. 6). Es kann vermutet werden, dass auch in den „Köpfen" der Wissenschaftler noch immer eine Trennung zwischen Grundlagenforschung und anwendungsorientierter Forschung gemacht wird und sich individuelle Forschungsprofile und Karrieremuster an den institutionellen Zuschreibungen orientieren.

A-2.2 Das Spektrum der Transfermechanismen

Voraussetzung von zirkulären und rekursiven Modellen ist, dass die einzelnen Bereiche der Wissensgenerierung nicht vollständig voneinander abgeschottet sind, sondern sich zu einem gewissen Grad aufeinander beziehen, untereinander kommunizieren und Informationen über Forschungstrends und neueste Entwicklungen austauschen. Dies setzt eine gewisse formale wie informelle Durchlässigkeit des Innovationssystems voraus. Es muss eine Reihe von Kontaktmöglichkeiten, Plattformen und Überschneidungen geben über die der Austausch organisiert werden kann.

Welche Form können solche Austauschmechanismen nun annehmen, bzw. grundlegender: Über welche Mechanismen kann der Wissens- und Technologietransfer zwischen den einzelnen Ebenen der Wissensgenerierung erfolgen? Hierzu gibt es im Forschungsbereich der Science-Industry Relationships ganze Kataloge und Listen (vgl. z. B. Schmoch et al. 2000, S. 8, Salter and Martin (2001), Dialogic (2003) oder Graversen (2004), p. 6, Koschatzky 2005, S. 54). Die Mechanismen des Wissens- und Technologietransfers reichen von der gemeinsamen Nutzung teurer Laboreinrichtungen durch Universitäten und Unternehmen über wissenschaftliche Konferenzen für Interessenten aus der Industrie bis hin zum regelmäßigen Fluss von Universitäts-Absolventen in die Wirtschaft. Der Mitarbeiteraustausch zwischen Wissenschaft und Wirtschaft ist demnach nur ein Transfermechanismus unter vielen (Abbildung 3).

Abbildung 3: Ausgewählte Formen des Wissenstransfers zwischen Wissenschaft und Wirtschaft

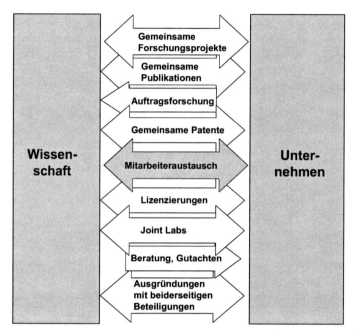

Quelle: eigene Darstellung

Interessant ist die Unterscheidung der Transfermechanismen nach dem Grad ihrer Formalisierung, wie dies z. B. im OECD-Bericht „Benchmarking Industry-Science Relationships" (OECD 2002) vorgeschlagen wird (Abbildung 4). Formale Mechanismen wie die gemeinsame Nutzung von Laboreinrichtungen (Joint labs), Ausgründungen (Spin-offs) oder Lizensierungen sind nur die Spitze des Eisbergs, wohingegen die Mehrzahl der Transferaktivitäten über informelle und indirekte Kanäle sowie über nicht messbare direkte Kanäle erfolgen. Die große Bedeutung des informellen Transfers lässt sich laut OECD (2002) insbesondere in Ländern beobachten, in denen es eine relativ restriktive Abgrenzung zwischen der öffentlich finanzierten Forschung und den Unternehmen gibt.

Angeführt wird das Beispiel Großbritannien, wo fast die Hälfte aller Produktionsunternehmen in Innovationserhebungen sagen, dass Universitäten für sie eine wichtige Quelle für Innovationen sind, aber nur 10 % dieser Unternehmen formale Beziehungen zu diesen aufgebaut haben (SPRU 2000, zitiert in OECD 2002, p. 22).

Abbildung 4:   Mechanismen des Wissens- und Technologietransfers

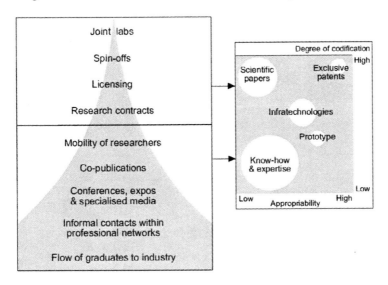

Quelle: OECD 2002, p. 23

A-2.3   Wissenstypen

Die zusätzliche Achse „Degree of codification" in Abb. 4 zeigt an, dass den einzelnen Transfermechanismen unterschiedliche Wissenstypen entsprechen, nämlich explizites (highly codified) und implizites Wissen (low degree of codification, tacit knowledge). In der Literatur zur Wissenstheorie befasst sich eine wichtige Debatte mit dem Unterschied zwischen explizitem und implizitem (tacit) Wissen und den Folgen für den Wissenstransfer (siehe z. B. Callon 1997 oder Foray 1997). Danach lässt sich nur ein Teil des Wissens in expliziter Form, z. B. als Zeitschriftenartikel oder als Computer-Datei übertragen. Zum Verständnis einer Technologie ist in erheblichem Maße implizites Wissen erforderlich, das personengebundenes Wissen und Know-how umfasst, welches nicht oder nur schwer in eine kodifizierte Form zu bringen und deshalb nur schwer transferierbar ist. Callon (1997) spricht hier von „incorporated knowledge", Zellner (2003) von „embodied knowledge transfer". Der Transfer von implizitem Wissen erfordert aufgrund seines speziellen Charakters einen direkten Kontakt zwischen Personen, um es in einem gemeinsamen Lernprozess erfahrbar zu machen. Schmoch et al. 2000 stellen fest, dass beim Transfer von Technologie praktisch immer auch der Transfer von implizitem Wissen erforderlich ist, weshalb grundsätzlich alle Transferformen besonders wirksam sind, die einen direkten Kontakt zwischen Transfergeber und Transfernehmer beinhalten. Hierzu gehören z. B. Kooperationsforschung, gemeinsame Publikationen, informelle Treffen, Konferenzen oder eben persönliche Wechsel (Schmoch et al. 2000, S. 10).

Jedoch ist keiner dieser Mechanismen für sich gesehen ein optimales Instrument, das andere Formen überflüssig machen würde. Die Mechanismen laufen vielmehr parallel und greifen ineinander, was eine Bewertung des Wissens- und Technologietransfers erheblich erschwert (siehe auch Koschatzky 2005, S. 54f).

A-2.4 Die Bedeutung der intersektoralen Mobilität im Spektrum der Transfermechanismen

Tatsächlich tut sich die Forschung schwer, die Effekte der einzelnen Transfermechanismen für die Wissensgenerierung zu bestimmen. Bozeman et al. (2000) führen verschiedene Konzepte der Evaluation an, die jeweils unterschiedliche Dimensionen des Transfers erfassen, sie enthalten sich aber einer vergleichenden Bewertung. Cohen et al. (2002) behaupten dagegen, dass der intersektorale Wechsel zwar wichtig sei für den Wissenstransfer, dass er aber nicht die „major route" darstelle, über die Wissen von der Akademia in die Industrie transferiert werde. Wichtiger seien hier Publikationen, Konferenzen, Beratungen und informelle Informationsgespräche (Cohen et al. 2002, siehe auch Ehrenberg 2005). Graversen (2004) hält dagegen die Mobilität von Wissenschaftlern für einen der wichtigsten Indikatoren für den Wissens- und Technologietransfer und für ein signifikantes Maß für die Beschreibung der Qualität der Industry-Science Relations.

Als Problem erscheint hier die Messbarkeit von Effekten und ihre Zuschreibung zu bestimmten Transferinstrumenten. In vielen Studien wird der Erfolg des Transfers lediglich daran bemessen, ob ein Transfer erfolgt ist oder nicht (Transfer-Ereignis). Dieses Verfahren hat den Vorteil einer leichten Zählbarkeit des Transfer-Erfolgs, lässt aber die Qualität des Transfers außer Acht. Anspruchsvoller sind Erhebungen, die auch den späteren Markterfolg mit in Betracht ziehen. Neben diesen Evaluationen gibt es auch eine Reihe von Studien, die versuchen, die Auswirkung des Wissens- und Technologietransfers auf die ökonomische Entwicklung eines Landes insgesamt zu schätzen (Schmoch et al. 2000, S. 10f). Bei den vorhandenen Ansätzen handelt es sich um Partikularstudien, die meist ihre eigenen Erhebungen durchführen oder statistische Sonderauswertungen für bestimmte Sektoren oder Zeiträume vornehmen.

In diesem Zusammenhang wurde deutlich, dass es sich bei der intersektoralen Mobilität nicht um ein rein quantitatives Problem handelt, bei dem es lediglich darum geht, die Anzahl der Wechsler zu erhöhen. Vielmehr sind es insbesondere qualitative Aspekte, die intersektorale Mobilität so bedeutend für ein funktionierendes Innovations- und Technologietransfersystem erscheinen lassen (Haukenes; Ekeland 2002, p. 8). Jedoch gibt es momentan keine überzeugenden Methoden, diese qualitativen Effekte zu messen und vergleichbar zu machen.

A-2.5 Wie kann man intersektorale Mobilität empirisch fassen?

Bei dem Versuch, das Phänomen „Transfer von Wissen über Köpfe" statistisch und ländervergleichend zu beschreiben, d. h. nur das Transfer-Ereignis an sich zu messen, stößt man schnell an Grenzen. Von der offiziellen deutschen und EU-Statistik werden z. B. keine Wechselereignisse zwischen den Sektoren der öffentlichen und der unternehmensfinanzierten Forschung erfasst. Deshalb lassen sich Aussagen über die Durchlässigkeit der Systems nicht statistisch untermauern. Auch Aussagen über die Veränderung der Wissenschaftlermobilität über die Zeit, oder Mobilität in oder aus bestimmten Sektoren heraus sind nicht in der Weise möglich, wie sie für eine adäquate Beschreibung der Wissenschaftler-Mobilität notwendig wäre.

Es gibt allerdings eine Ausnahme: In Skandinavien erlaubt eine detaillierte Arbeitsmarktstatistik genauere Einblicke in das Mobilitätsverhalten von Wissenschaftlern. Die dort erhobenen Daten beinhalten den Beschäftigungsstatus, Informationen über den Arbeitgeber und erlauben „a fully individual specific trace of human mobility between establishments." (Graversen 2001, S. 117). Diese Ausnahmesituation hat dazu geführt, dass wichtige Impulse der Mobilitätsforschung seit Jahren aus Skandinavien kommen. Die wichtigsten Ergebnisse sollen hier kurz referiert werden. Sie stützen sich auf Auswertungen, die Graversen 2001 vorgenommen und in seinem Aufsatz „Human Capital Mobility Into And Out of Research Sectors In the Nordic Countries" präsentiert hat.

Zunächst erlauben es die Daten, zu bestimmen, wie hoch die Fluktuation (Inflow und Outflow) im Bereich der universitären Forschung bzw. der außeruniversitären staatlichen F&E ist. Dazu wurden Personen mit tertiärem Bildungsabschluss selektiert, die in einem bestimmten Jahr im R&D (Research and Development) bzw. im HEI (Higher Education Institutes) -Sektor tätig waren. Aufgrund der größeren Bedeutung des HEI-Sektros werden hier nur die Daten für den Hochschulbereich dargestellt.

Der Inflow während eines Jahres in den öffentlichen Forschungsbereich (HEI) hinein beträgt in den skandinavischen Ländern zwischen 19,4 % (Schweden) und 41,6 % (Finnland) aller in diesem Bereich Beschäftigten (siehe Tabelle 1 und Graversen 2001, S. 120, Table 2). Dies sind überraschend hohe Werte, bei denen allerdings berücksichtigt werden muss, dass sie auch Doktoranden beinhalten, die im entsprechenden Jahr neu hinzugekommen sind. Und sie reflektieren die Tatsache, dass der öffentliche Forschungsbereich in allen vier Ländern (außer in Schweden) im Erhebungszeitraum generell gewachsen ist („Mobility rate in" ist größer als „Mobility rate out").

Darüber hinaus erlauben die offiziellen Daten Aussagen darüber, aus welchen Bereichen die Zugänge in den Wissenschaftsbereich kommen und insbesondere, welchen Stellenwert hierbei die Wirtschaft als Quelle für den Inflow hat.

Tabelle 1: Zugänge in den Bereich „Higher Education Institutes" (HEI) im Zeitraum von 1995-1996 (Inflow into HEI)

	Kommend aus dem Hochschulbereich (HEI) und FuE Instituten (Eigenrekrutierung)	Kommend aus der Wirtschaft	Kommend aus öffentl. Verwaltung, Verteidigung, dem Gesundheits- und Sozialwesen	Kommend aus vorheriger Nicht-Beschäftigung bzw. dem Ausland	Mobility rate „in" (gewichteter Durchschnitt)
Dänemark	30,0%	14,8%	19,3%	36,0%	34,7%
Schweden	22,8%	14,0%	28,9%	33,2%	19,4%
Norwegen	27,4%	10,1%	29,0%	33,3%	19,7%
Finnland	32,6%	6,0%	16,7%	43,7%	41,6%

Basis: Graversen 2001, S. 120, Table 2 („Wirtschaft" besteht aus folgenden NACE-Sektoren: „Primary sectors, mining, oil; Manufacturing; Utilities and construction; Trade, hotels, restaurants; Transport, storage, telecommunication, Financial services, real estate, Business services. Fehlende Werte zu 100 % stammen aus der Kategorie „NACE unknown", die bei der Addition hier weggelassen wurde.)

Es zeigt sich, dass die Inflow-Rate aus der Wirtschaft zwischen 6 % (Finland) und 14,8 % (Dänemark) des gesamten Inflows in die HEIs ausmacht (siehe Tabelle 1). Da auch absolute Werte ausgewiesen sind, können die Prozentzahlen auf konkrete Personenzahlen von 691 (Finland) und 1.907 (Dänemark) umgerechnet werden. Dabei handelt es sich um Personen, die aus den ausgewiesenen Wirtschaftsbereichen im Jahr 1995/96 an die Hochschulen des jeweiligen Landes gewechselt sind, um dort eine Stelle in der Forschung aufzunehmen. Wiederum sei darauf hingewiesen, dass diese Zahlen Doktorandenverträge beinhalten. Die Quote der Eigenrekrutierung beträgt zwischen 22,8 % (Schweden) und 32,6 % (Finnland).

Die Zahlen der Arbeitsmarktstatistik erlauben es weiterhin, Aussagen über den Outflow aus dem Universitätssektor zu machen und zu bestimmen, wie viele Abgänge es in welche Sektoren gegeben hat. Der Wechsel in die Wirtschaft bewegt sich zwischen 10,1 % aller Abgänge in Finnland und 23,1 % in Dänemark (siehe Tabelle 2).

Anhand der Mobilitätsraten aus der umfangreichen Arbeitsmarktstatistik in den skandinavischen Ländern lässt sich die Intensität des Wissensflusses zwischen der öffentlichen Forschung und der Wirtschaft bestimmen. Die Wissensflüsse zeigen dabei den Grad der Ausbreitung und Zirkulation von Wissen im Wissensproduktionssystem. Eine hohe Mobilitätsrate bedeutet, dass das nationale Forschungssystem mit dem sie umgebenden Wirtschaftssektor eng kooperiert. Auch die Intensität der personalisierten Wissensflüsse aus den Forschungseinrichtungen in die verschiedenen Sektoren hinein kann - mit gewissen Einschränkungen - dargestellt werden.

Tabelle 2: Abgänge aus dem Bereich „Higher Education Institutes" (HEI) im Zeitraum von 1995-1996 (Outflow of HEI)

	Verbleib im Hochschulbereich (HEI) und in FuE Instituten (intra-sektorale Mobilität)	Wechsel in die Wirtschaft	Wechsel zu Public administration, defence, health and social work	Wechsel in die Nicht-Beschäftigung oder ins Ausland	Mobility rate „out" (gewichteter Durchschnitt)
Dänemark	33,0%	23,1%	17,5%	26,6%	26,7%
Schweden	39,6%	19,4%	18,3%	20,7%	21,8%
Norwegen	26,2%	15,9%	19,6%	38,0%	18,5%
Finnland	36,1%	10,1%	11,4%	26,3%	33,0%

Basis: Graverson 2001, S. 121, Table 3 (Fehlende Werte zu 100 % stammen aus der Kategorie „NACE unknown", die bei der Addition hier weggelassen wurde.)

Welche Schlüsse lassen sich nun aus den umfangreichen Statistiken in den skandinavischen Ländern hinsichtlich der Bewertung des Wissens- und Technologietransfers über Wissenschaftlermobilität ziehen? Zunächst fällt die hohe Mobilitätsquote auf, die sich in den vier Ländern zwischen 20 % und über 30 % der Gesamtzahl der in der öffentlichen Forschung angestellten Personen bewegt. Diese Zahlen bezeichnet Graversen (2001, S. 123) als „significant" und der allgemeinen Wahrnehmung vom unflexiblen skandinavischen Innovationssystems widersprechend. Tatsächlich bedeuten diese Zahlen, dass die skandinavischen Arbeitsmärkte hochdynamisch und flexibel sind. Auf die Politik gemünzt, könnte man hier von einem idealen Zustand sprechen: „Policy makers might draw the conclusion that something in these systems is going right." (Nas et al. 2001, S. 82).

A-2.6 Negative Effekte hoher intersektoraler Mobilität

Graversen beeilt sich jedoch hinzuzufügen, dass eine zu hohe Wechselrate auch nicht wünschenswert ist. Denn Voraussetzung für einen erfogreichen Wissenstransfer ist, dass die Forscher Zeit genug hatten, um sich in einem spezifischen Themenfeld zu etablieren. Dies bedeutet, dass es eine gewisse Zeit dauert, bis branchen- und themenrelevantes Know-how aufgebaut wurde, bevor dieses transferiert und kreativ in anderen Kontexten eingesetzt, angewendet und angereichert werden kann (Graversen 2001, S. 116). Offenbar lassen sich auch kontraproduktive Effekte von Mobilität denken, dann nämlich, wenn durch zu häufigen Wechsel verhindert wird, dass Wissensbestände überhaupt aufgebaut werden oder wenn Forschungseinrichtungen lediglich auf Ausbildung hin ausgerichtet werden, was ebenfalls dazu führt, dass neue Wissensbestände nur bedingt aufgebaut werden können.

Damit spricht Graversen ein prinzipielles Problem an, den Sachverhalt nämlich, dass zu häufige Wechsel nicht wünschenswert sind. Einige Autoren behaupten gar, dass es naiv sei zu glauben, der intersektoraler Wechsel über den natürlichen Inflow von Studienabgängern und promovierten Abgängern hinaus ausschließlich positiv zu sehen ist. Sie verweisen darauf, dass es auch negative Bilanzen geben kann. dies ist beispielsweise dann der Fall, wenn Forscherteams an Universitäten oder außeruniversitären Forschungseinrichtungen durch den Weggang eines wichtigen Forschers auseinanderbrechen und erarbeitetes Know-how und Erfahrung verlorengeht, das nicht so einfach ersetzt werden kann (Haukenes; Ekeland 2002, p. 5).

Ähnliche Bedenken gegen eine rein positive Sichtweise von Mobilität äußern Gambardella et al (2000, p. 67ff) basierend auf Beobachtungen in den USA. Danach hätten die Amerikaner ein besonderes Problem mit der Mobilität, weil ihnen zu viele Grundlagenforscher abhanden kommen, die in die Wirtschaft wechseln. Langfristige Grundlagenforschung habe einen geringen Stellenwert und sei deshalb unterkritisch besetzt.

A-2.7 Durchlässigkeit des nationalen Innovationssystems für Wissenstransfer über Köpfe

Nach den Berechnungen von Graverson (2001) und Nas et al. (2001) spricht in den vier skandinavischen Ländern in der Tat einiges dafür, dass die Durchlässigkeit der nationalen Innovationssysteme sehr hoch ist. In den skandinavischen Ländern hat sich offenbar das Pyramiden-Modell des Wissenstransfers etabliert, ein Modell, das im Gegensatz zum Turm-Modell steht und die Offenheit für Wissenschaftlermobilität betont (siehe Abbildung 5).

Das Pyramiden-Modell zeichnet sich dadurch aus, dass auf jeder Stufe mehr Wissenschaftler ausgebildet werden als es Bedarf in den öffentlichen Forschungseinrichtungen gibt. Die Wissenschaftler können problemlos in der Wirtschaft oder in andere Sektoren wechseln.

Abbildung 5: Der öffentliche Forschungskontext als Turm oder Pyramide

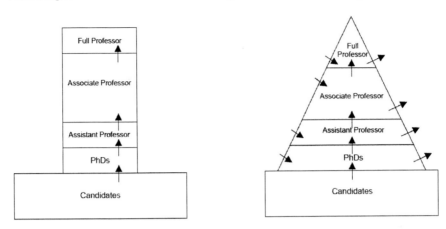

Quelle: Graversen 2001, S. 116.

Im Turm-Modell dagegen produziert das Wissenschaftssystem immer nur so viele Wissenschaftler, wie in ihren eigenen Institutionen aufgenommen werden können. Es zeichnet sich durch eine Abgeschlossenheit nach außen aus. Allerdings, so Graverson 2001, sei das Turm-Modell nicht notwendigerweise eine „disastrous situation". Es bestehe aber das Risiko, dass Wissensaustausch mit der Wirtschaft ausbleibt und zu wenige Personen aus anderen Sektoren in das Forschungssystem hineinkommen und so die Wissensgenerierung leidet, weil es einen mangelnden Inflow neuen Wissens gibt. Andererseits sei es im Turm-Modell möglich, einzigartige Cluster von hochspezialisiertem Wissen zu erzeugen. (Graversen 2001, S. 116).

Interessant wäre an dieser Stelle ein Vergleich mit Deutschland oder anderen Ländern. Dieser ist aber mangels verfügbarer Daten nicht möglich. Tatsächlich befinden sich die skandinavischen Mobilitätsforscher in einer weltweit einmaligen Situation. Dabei bleiben ihre Erkenntnisse allerdings auf die Situation in Dänemark, Schweden, Norwegen und Finnland beschränkt. Sucht man für Deutschland oder das restliche Europa Statistiken, die einen Vergleich mit der Situation in Skandinavien ermöglichen könnten, wird man auf die europäische Arbeitskräfteerhebung LFS (European Labour Force Survey) verwiesen. In dieser Erhebung werden in regelmäßigen Abständen in 25 EU-Ländern Arbeitsmarktdaten erhoben, die über bestimmte Mobilitätsphänomene Auskunft geben. Es wird z. B. erhoben, wie oft die Arbeitsstellen gewechselt werden und es kann ausgewertet werden, wie hoch die Mobilitätsrate von Wissenschaftlern und Ingenieuren im Vergleich zu allen Beschäftigten ist (vgl. Laafia; Stimpson 2001, S. 135). Dabei gibt es zwar die Kategorie HRST (Human Resource in Science and Technology), eine Kategorie, die der zunehmenden Bedeutung wissensbasierter Tätigkeiten in Forschung und

Entwicklung Rechnung trägt, es wird aber nicht unterschieden zwischen Forschung und Entwicklung (F&E) in Unternehmen und Forschung in öffentlich finanzierten Wissenschaftseinrichtungen. Auch eine Aufschlüsselung der Wechsel in bestimmte Sektoren bzw. aus bestimmten Sektoren heraus lässt sich über die LFS nicht abbilden. Möglich sind lediglich Aussagen darüber, wie sich der gesamte F&E-Arbeitsmarkt entwickelt hat.

Zum Vergleich internationaler Mobilitätsraten können so zunächst nur Einzelerhebungen und Betrachtungen spezieller Sektoren herangezogen werden. So haben z. B. Schmoch et al. (2000) bei einer Befragung von 847 Wissenschaftlern in der öffentlichen Forschung in Deutschland eine Mobilitätsrate (mobility rate „out") von knapp 10 % ermittelt. Dies bedeutet, dass jährlich ca. 10 % aller Mitarbeiter die Einrichtungen der öffentlichen Forschung verlassen, um einer anderen Erwerbstätigkeit nachzugehen. Die entsprechenden Werte für Skandinavien sind bedeutend höher und bewegen sich zwischen 18,5 % (Norwegen) und 33 % (Finnland). Eine weitergehende Aufschlüsselung der Wissenschaftlermobilität ist in Deutschland jedoch nicht möglich, weil nicht die Zielsektoren abgefragt wurden, in die gewechselt wurde. Es spricht aber einiges dafür, dass das deutsche System weniger durchlässig ist als das skandinavische und sich deshalb eher mit dem Bild eines Turms beschreiben lässt als mit dem Bild einer Pyramide.

Vor diesem Hintergrund stellt sich die Frage nach funktionalen Äquivalenten für den intersektoralen Wechsel. Im relativ geschlossenen deutschen System muss es Transferinstrumente geben, denen ähnliche Funktionen zukommen wie die intersektorale Mobilität. Denn die Innovationsfähigkeit der deutschen Wissenschaft weist in vielen Bereichen ein international gesehen hohes Niveau auf (vgl. Boston Consulting Group 2001). Im Biopharma-Bereich liegt Deutschland sogar auf Platz 3, nur knapp hinter Japan und nach den USA, wenn man die Anzahl von Publikationen und Patenten als Innovationsindikator benutzt (vgl. Teil B sowie Nusser 2005).

A-2.8 Qualitative Aspekte der Wissenschaftlermobilität: Arten der Wissensproduktion

In dem Maße, wie sich die quantitative Beschreibung der Wissenschaftlermobilität als schwierig erweist, richtet sich das Augenmerk stärker auf die qualitativen Aspekte des Transferinstruments „intersektorale Mobilität". Dabei rücken zum einen die bereits erwähnten unterschiedlichen Typen des transferierten Wissens (tacit knowledge vs. codified knowledge) sowie Fragen nach neuen Erscheinungsformen wissenschaftlicher Wissensproduktion über etablierte Sektoren hinweg ins Zentrum des Interesses.

Damit ist insbesondere die Wissensproduktion im so genannten Mode 2 gemeint, auf die die Untersuchung von konkreten Mobilitätsverläufen Hinweise liefern kann. Die Vorstellung von Mode 2 wurde von Gibbons et al. 1994 in ihrem Buch „The New Production of Knowledge" in Abgrenzung zum herkömmlichen, an Disziplinen orientierten und klassischerweise an Universitäten gelehrten und produzierten Wissen (Mode 1) entwickelt. Für bestimmte, insbesondere natur- und ingenieurswissenschaftliche Bereiche, werden - so das Postulat - neue Formen der Wissensproduktion immer wichtiger. Diese zeichnen sich dadurch aus, dass sie in räumlich und zeitlich verteilten Prozessen ablaufen und dass Forscher aus unterschiedlichen Kontexten daran beteiligt sind. Aus der disziplinär orientierten Forschung an einer bestimmten Einrichtung werden komplexe Projekte mit vorgegebenen Forschungszielen, zu deren Erreichung sowohl Unternehmenslabors, Universitätsforscher, Doktoranden an außeruniversitären Einrichtungen sowie öffentliche Einrichtungen beitragen.

Rammert (1997) zufolge zeichnet sich die Auflösung des Standardmodells dadurch aus, dass es einen höheren Grad an Vielfältigkeit und Zick-Zack-Verläufen gibt. Darin kommt die Rekursivität mit wechselnden Umwelten zum Tragen, die sich zunehmend gegen die Einbettung in die gerade Gerichtetheit, funktionale Verteiltheit und einfache Rückkopplung des Normalverlaufs moderner Innovation sperrt. Als Beispiel für die neue Art der Wissensproduktion führt Rammert (1997) die biotechnische Innovation eines Tiermodells für die Alzheimersche Krankheit an, die am 9. Februar 1995 in *Nature* veröffentlicht wurde: Sie stammt von 34 Autoren. Dahinter verbirgt sich ein Innovationsnetzwerk aus zwei neugegründeten Biotechnikfirmen, einem etablierten pharmazeutischen Konzern, einer Eliteuniversität, eines staatlichen Forschungslabors und eines gemeinnützigen Forschungsinstituts (Powell et al. 1996 zitiert in Rammert 1997).

Zumindest in einigen Wissenschaftsbereichen und auf der Ebene der Forschungsplaner, Institutsleiter sowie so genannter Star Scientists (Spitzenwissenschaftler) scheint diese Art der Wissensproduktion eine immer größere Rolle zu spielen (zur Kritik der Reichweite des Konzepts siehe z. B. Weingart 1999). Knie und Simon (2006) berichten von Persönlichkeiten, deren Karriereverläufe typischerweise folgende Verläufe annehmen können: „Grundlagenforscher beispielsweise aus den Großforschungseinrichtungen, Lehrstuhlinhaber, die ihre Kenntnisse und Erkenntnisse für die Etablierung einer Ausgründung einsetzen, dort einige Jahre als Geschäftsführer agieren, dann wieder in die Grundlagenforschung mit dem Wissen aus der Praxisanwendung zurückgehen und der Ausgründung als Aufsichtsrat oder Berater verbunden bleiben, Kooperationen mit Industrieunternehmen aufbauen, gleichzeitig schon wieder am nächsten Ausgründungsgedanken basteln" (Knie und Simon 2006, S, 15f). Personen, die derart zwischen Einrichtungen hin- und herwandern und die so das Zusammenwirken von Wissenschaft und Wirtschaft quasi personifizieren, agieren als „boundary spanning units".

Die Erzeugung von neuem, in heterogenen Netzwerken gewonnenen Wissen kann dabei durch die Untersuchung des Ausgründungsgeschehens analysiert werden, wie dies z. B. Knie und Simon (2006) tun, oder auch durch die Analyse von Verläufen intersektoraler Mobilität erfolgen.

Dabei hat die Betrachtung der intersektoralen Mobilität den Vorteil, dass Karriereverläufe und damit Potenziale und Restriktionen im Wissenschaftsbereich als auch im Bereich der Unternehmens-Forschung in den Blick genommen werden können. So werden Aussagen zur Durchlässigkeit bzw. Geschlossenheit des Gesamtsystems möglich, die durch die allgemeine Statistik nicht möglich sind. Der Nachteil einer solchen Vorgehensweise ist, dass man auf einen bestimmten Wissenschaftsbereich festgelegt ist und dass deshalb Abstriche an die Verallgemeinerungsfähigkeit gemacht werden müssen.

A-2.9 Welcher Sektor wird untersucht?

Bei dem hier ausgewählten Wissensbereich handelt es sich um die biomedizinische Forschung. Dieser Bereich wird zum einen von der Politik als wichtig für die zukünftige technologische Leistungsfähigkeit Deutschlands eingeschätzt (BMBF 2005) und zum anderen als beispielhaft für neue Arten der Wissensproduktion angesehen (vgl. z. B. Zellner 2003, p. 1882, Knie und Simon 2006, S. 15f).

Tatsächlich gab es im Bereich der biomedizinischen bzw. biotechnologischen Forschung schon immer enge Beziehungen zwischen öffentlich finanzierter Forschung und der Unternehmensforschung. Die Vorstellung, dass Geneseprozesse rekursive Schleifen durchlaufen und nicht linear verlaufen, scheint in diesem Forschungsbereich besonders ausgeprägt. Im Selbstverständnis von Institutsleitern werden die „verschiedenen Etappen der Erzeugung, Verarbeitung und Anwendung von Wissen vom Tacit Knowledge über die Grundlagenforschung hin zur Anwendungsreife und dem Upscaling, unter Einbeziehung der Akteure und Bereiche wie Hochschulen, Forschungseinrichtungen, den Kapitalmärkten, Branchenstrukturen und strategischen Allianzen der Anbieter (...) nicht mehr in einem eindimensionalen Verlauf abgehandelt" (Knie und Simon 2006, S. 11).

Im Biopharma-Bereich lässt sich besonders gut beobachten, wie Grundlagenforschung und angewandte Forschung sich immer ähnlicher werden. Heute kann man z. B. auch bei Bayer Schering Pharma als Wissenschaftler Grundlagenforschung betreiben, oder als Mitarbeiter eines Max-Planck-Instituts Forschung betreiben, die in den Anwendungsbereich hineinragt. Prinzipiell müsste es deshalb auch leichter geworden sein, zwischen den Sektoren zu wechseln.

Nach Stokes (1997) dominiert in der biomedizinischen Grundlagenforschung mittlerweile ein Typ der Wissensproduktion, der durch die potenzielle Anwendungsrelevanz aller Ergebnisse geprägt ist. Die Biotechnologie findet somit im so genannten Pasteur-Quadranten statt, einem Feld, in dem anwendungsorientierte Grundlagenforschung („use-inspired basic science") stattfindet - eine Art von Forschung, in der die gängige Unterscheidung in Grundlagenforschung und angewandter Forschung überwunden scheint. Die Entwicklung der Molekularbiologie, die diesen Typ hervorgebracht hat, hat auch zu einer dramatischen Veränderung der Innovationsprozesse in der pharmazeutischen Industrie geführt. Das seit Jahrzehnten vorherrschende chemische Paradigma wird zunehmend durch ein biotechnologisches abgelöst.

Allerdings scheint es bei der Verwischung von Forschungsarten auch Grenzen zu geben, die nach wie vor aktuell sind. Zellner 2003 gibt zu bedenken, dass man nicht vorschnell von einer Aufhebung von Grenzen sprechen sollte und von den Grundlagenforschern auch im Biotechnologiebereich keine schnelle marktliche Verwertbarkeit ihrer Ergebnisse erwarten solle. Denn es wäre ein Missverständnis zu vermuten, dass es bei einem persönlichen Wechsel aus der Grundlagenforschung in die Wirtschaft um den Transfer von Ergebnissen der Grundlagenforschung geht, die nun kommerziell verwertet werden sollen. Insbesondere bei den Life Sciences gibt es dieses Missverständnis (Zellner 2003, p. 1882). Dies steht aber nach Meinung von Zellner im Gegensatz zu dem, was Grundlagenforschung ausmacht, nämlich das zunächst verwertungsfreie Erkenntnisinteresse (curiosity-driven inquiry).

Die zunehmende Bedeutung der Biotechnologie für das Innovationssystem der Pharmazeutischen Industrie wurde empirisch nachgewiesen (Jungmittag et al. 2000; Hinze et al. 2001). In diesem Zusammenhang wurden auch Veränderungen hinsichtlich des Beitrags beobachtet, den die unterschiedlichen Akteure zur Generierung primär technologischen Wissens leisten: Der Anteil der Patentanmeldungen aus großen deutschen Pharmaunternehmen nahm seit Beginn der 1990er Jahre kontinuierlich ab, während der aus Universitäten, öffentlichen Forschungseinrichtungen und vor allem der kleinen Biotechnologieunternehmen zunahm (Hinze et al. 2001, S. 54). Für die Genetik konnte empirisch nachgewiesen werden, dass an bis zu 52 % der Patentanmeldungen öffentliche Forschungseinrichtungen beteiligt waren (Schmoch et al. 2003). Dies kann als Hinweis darauf gewertet werden, dass der Wissens- und Technologietransfer aus der Wissenschaft in die Industrie inzwischen bedeutende Ausmaße angenommen hat.

Veränderungen hinsichtlich der Verflechtung der Akteure lassen sich empirisch auch unter Verwendung von Ko-Publikationsanalysen für große deutsche Pharmaunternehmen zeigen. Biotechnologieunternehmen, auch Universitäten sind zunehmend wichtige Kooperationspartner der deutschen Pharmaindustrie. Seit Beginn der 90er Jahre kommen aber verstärkt ausländische Universitäten zum Zuge, während der Anteil der deutschen Einrichtungen abnimmt (Hinze et al. 2001, S 59ff.).

Paradigmatische Veränderungen dieser Art implizieren die Herausbildung einer neuen Wissensbasis. Insbesondere die Genomsequenzierung, die Ableitung von Informationen aus den Genomsequenzen, die parallele Handhabung großer Probenzahlen und großer Informationsmengen, die Informationsverarbeitung, Screening-Methoden, neue Syntheseansätze (wie die kombinatorische Chemie) oder die Pharmakogenetik werden wichtiger.

Die Veränderungen in der Wissensbasis gehen einher mit Veränderungen in der Arbeitsteilung zwischen den verschiedenen Akteuren. Neben die traditionell forschungsintensiven multinationalen Firmen der pharmazeutischen Industrie traten zunehmend innovative und hochspezialisierte Biotechnologiefirmen. Wissen wird nicht mehr nur an universitären und außeruniversitären Forschungseinrichtungen generiert, sondern eben auch in diesen kleinen und mittleren Unternehmen. Vor diesem Hintergrund könnte man vermuten, dass sich Arbeitsinhalte und Rollen in der privatwirtschaftlichen und der öffentlich geförderten biomedizinischen Grundlagenforschung einander annähern. Die wissenschaftlichen Gemeinschaften (und damit auch ihre Eliten) forschen in Einrichtungen beider Sektoren und sind den Einflüssen beider Sektoren gleichermaßen ausgesetzt.

A-2.10 Politische Maßnahmen zur Förderung intersektoraler Mobilität

Wenn Wissensproduktion zunehmend in interaktiven Netzwerken und über etablierte Sektoren, Institutionen und Disziplinen hinweg erfolgt, werden diejenigen Innovationssysteme am meisten profitieren, die Austauschprozesse effektiv organisieren können und in denen intersektorale Wechsel zum Alltag gehören. In Deutschland gibt es eine ganze Reihe von Initiativen, die Wissenschaftlermobilität auf unterschiedliche Arten fördern wollen (siehe für eine ausführliche Analyse den Abschnitt D Politische Programme). Ausgangspunkt der Aktivitäten von Staat und Verbänden ist dabei die Diagnose von der mangelnden Durchlässigkeit des deutschen Wissenschafts- und Forschungssystems. Beispielhalt sei dies am Beispiel des Programms „Seitenwechsel auf Zeit" dargestellt, das 2005 vom Bundesforschungsministeriums (BMBF) gestartet wurde. Dort wird festgestellt, dass Perspektivwechsel, nach denen man während einer Karrierephase bei einem anderen Arbeitgeber gesammelte Erfahrungen zurück in das frühere Arbeitsfeld trägt, in Deutschland die Ausnahme sind: „Die Durchlässigkeit zwischen den Sphären ist gering. Der (höchstens) einmalige Wechsel kennzeichnet die meisten Karrieren. Eine Rückkehr ist nicht positiv belegt. Unmittelbar in der Wirtschaft gesammelte Erfahrungen stehen also weder zur Verfügung, wenn es darum geht, wissenschaftliche Ergebnisse auf eine industrielle Umsetzung hin auszurichten, noch, um Innovationspolitik und Fördermaßnahmen wirtschaftsgerecht anzulegen. Umgekehrt fehlt in der Industrie nicht selten das Verständnis für (...) die Bedeutung wissenschaftlicher Freiheit ohne unmittelbare Verwertungsorientierung für wegweisende Entdeckungen (...). Schaut man vor diesem Hintergrund auf die aktuelle Praxis der Personalentwicklung und des lebenslangen Lernens, so fällt auf, dass Instrumente wie Abstellungen, Sabbaticals, Austauschprogramme etc. zwar intensiv diskutiert, aber bei weitem nicht in gleichem Maße umgesetzt werden. Offensichtlich sind die Hürden, wie beispielsweise hohe Transaktionskosten, unklare Auswirkungen auf die Karriere oder große Unsicherheiten in Bezug auf die soziale Sicherung zunehmend schwerer zu überwinden (...)" (Höfer; Wengel 2005, S. 20f).

Vor diesem Hintergrund formuliert das BMBF-Projekt „Seitenwechsel auf Zeit" das Ziel, dazu beizutragen, die „Versäulung" zwischen den Sphären Wirtschaft, Wissenschaft und Politik/ Verwaltung aufzubrechen, um so wechselseitig die Innovationsbereitschaft und Innovationskompetenz zu stärken. Die Abstellung von Mitarbeitern der Wirtschaft in eine Forschungseinrichtung bietet nach Überzeugung der Initiatoren die Möglichkeit, „aktuelle Forschungsarbeiten unmittelbar auf ihre Relevanz für die wirtschaftliche Umsetzung zu prüfen und den Anschluss an avancierte Methoden und Ansätze herzustellen. Eine zeitweise Tätigkeit von Wissenschaftlern in der Industrie könnte Anregungen für mehr Praxisrelevanz, (...) aber auch die Übernahme von guter Praxis im Forschungsmanagement bieten" (Höfer; Wengel 2005, S. 22f).

Auch wenn die Feststellung von der mangelnden Durchlässigkeit des deutschen Innovationssystems eher auf der Basis individueller Beobachtungen und subjektiver Einschätzungen von Akteuren aus Wirtschaft und Politik und weniger auf statistisch gesicherter Grundlage getroffen wird, ist klar, dass Wissenschaftler, die Erfahrungen sowohl im Bereich der Universität bzw. in außeruniversitären Einrichtungen als auch im Unternehmenskontext haben, mehr Anknüpfungspunkte für die Umsetzung von Ideen zu Produkten haben und dass sie kreativer sein können, wenn es darum geht, Anwendungspotenziale zu entdecken oder umgekehrt, in der Anwendung gewonnenes Wissen in die Forschung zurückzubinden und dort für neue Impulse zu sorgen. Vor diesem Hintergrund stellt sich für die Politik die Frage, welche Gründe für die mangelnde Wechselbereitschaft verantwortlich sind und wie man die Mobilität von Wissenschaftlern erhöhen kann.

A-2.11 Determinanten von Mobilitätsentscheidungen

In der erweiterten Mobilitätsforschung werden ganz grundsätzlich drei Typen von Mobilität unterscheiden: 1. Geographische Mobilität als „Wechsel von Individuen zwischen den Einheiten eines räumlichen Systems" (Franz 1989: 446), 2. Arbeitsmobilität als Wechsel von Individuen innerhalb von oder zwischen Betrieben bzw. auch Formen der Berufs- oder Karrieremobilität, und 3. die soziale Mobilität „als Wechsel eines oder mehrerer Individuen zwischen den Einheiten eines Systems sozialer Schichtung" (Franz 1989, S. 448). Die Kernproblematik des hier bearbeiteten

Projektes zur intersektoralen Mobilität ist dem Bereich Arbeits- und Karrieremobilität zuzuordnen, wenngleich damit durchaus sowohl eine geographische Wanderung als auch ein sozialer Aufstieg verbunden sein kann.

Wir gehen davon aus, dass das Handeln von Individuen einer bestimmten Trägheit unterliegt, d. h. im Regelfall verbleiben Menschen innerhalb ihrer alltagsweltlichen Problemlösungsstrategien bzw. Routinen. Hintergrund für diese Annahme ist, dass jede Änderung des Status Quo nur unter einem gewissen Aufwand möglich ist (notwendige Informationsbeschaffung, Suche und Evaluation möglicher Alternativen). Daher wird solange darauf verzichtet, bis entweder ein so hoher Problemdruck entsteht, dass die Routinelösungen als nicht mehr zufrieden stellend angesehen werden (Push), oder aber indem mögliche Alternativen plötzlich real oder vorgestellt zur Verfügung stehen, die ein Nachdenken über Veränderungen lohnend erscheinen lassen (Pull).

Der Grundgedanke des Verbleibens in alltagsweltlichen Problemlösungsstrategien wurde von Kalter (1996) in die Wanderungsforschung eingeführt, lässt sich aber problemlos auch auf die berufliche Mobilität übertragen. Danach ist zu unterscheiden zwischen der Entstehung von (Wanderungs-) Überlegungen (1), der Herausbildung von (Wanderungs-) Plänen (2) und schließlich dem (Wanderungs-) Vollzug (3).

Auf der ersten Entscheidungsstufe, der Entstehung von Wanderungsgedanken, wird nur ein sehr grobes Kosten-Nutzen-Kalkül unterstellt wird. Das heißt, hier wird zunächst entschieden, ob es sich überhaupt lohnt, über einen Wechsel zumindest nachzudenken, es wird eine Grundsatzentscheidung darüber getroffen, überhaupt über eine Alternative zum Status quo nachzudenken. Diese basiert auf den folgenden drei Komponenten:

(1) der Aussicht auf einen 'Gewinn', d. h. der grob kalkulierten Aussicht, es an einem anderen Ort besser haben zu können,
(2) der subjektiven Wahrscheinlichkeit, dass ein Wechsel realisierbar ist, und
(3) den antizipierten Such- und Informationskosten.

Der antizipierten Wahrscheinlichkeit, dass der mit einem Wechsel angestrebte Nutzen auch wirklich erzielt werden kann, kommt eine große Bedeutung bei der Überwindung der ersten Trägheitsschwelle zu. Denn Unzufriedenheit mit dem Bisherigen ist eine zwar notwendige, aber keine hinreichende Bedingung für das In-Gang-Setzen des Entscheidungsprozesses. Erst wenn realistische Alternativen zur Verfügung stehen, führt dies dazu, über die Möglichkeit eines Wechsels nachzudenken.

Betrachtet man einen möglicherweise zu erzielenden Gewinn, dann ist das Eintreten bestimmter Ereignisse (z. B. Ablauf des Arbeitsvertrages) eine wichtige Einflussgröße, da durch diese die Bewährtheit der bisherigen Routinelösungen in Frage gestellt wird. Eine Senkung der Such- und Informationskosten ist denkbar durch gezielte Anwerbungen von Seiten eines Arbeitgebers bzw. durch das Vorliegen konkreter Arbeits- oder Ausbildungs-Angebote.

Erst wenn die Frage danach, ob sich die Suche nach einer Alternative zum Status quo überhaupt lohnt, positiv entschieden wurde, erfolgt in einer zweiten Stufe das sorgfältigere Abwägen der mit dem Wechsel zu erreichenden Zielrealisierung bzw. der hierdurch entstehenden Vor- und Nachteile. Nur wenn diese Abwägung positiv ist, d. h. wenn die Summe der Werterwartungen an einem potentiellen anderen Ort die Summe der Wert-Erwartungen am derzeitigen Ort übersteigt, bildet sich eine tatsächliche Handlungsabsicht heraus.

Wie in der sozialwissenschaftlichen Forschung schon seit längerem bekannt, bestehen teilweise erhebliche Abweichungen zwischen der geäußerten Handlungsabsicht und dem tatsächlichen Handlungsvollzug (Fishbein; Ajzen 1975, Ajzen; Fishbein 1980). Eine zentrale Rolle bei der Nicht-Umsetzung von Absichten in Verhalten spielt die Antizipation möglicher wechselverhindernder Ereignisse. Solche Ereignisse können im Fehlen entsprechender Opportunitäten bestehen, die so nicht wahrgenommen wurden, aber auch in einer Änderung der 'Logik der Situation', beispielsweise durch Veränderungen in der Haushaltszusammensetzung, die die Durchführung eines beruflichen Wechsels nun nicht mehr möglich erscheinen lassen.

Bei den in dieser Untersuchung im Mittelpunkt stehenden Personen handelt es sich um Wissenschaftlerinnen und Wissenschaftler mit überdurchschnittlich hohem Bildungsabschluss. In der Migrationsliteratur wurden verschiedene Faktoren für die Neigung Höhergebildeter zur Migration verantwortlich gemacht. Diese Faktoren lassen sich wie folgt zusammenfassen:

- Nach dem Human-Kapital-Ansatz beeinflusst die Höhe der bisherigen Investitionen in entsprechendes Humankapital das Ausmaß des beruflichen 'commitment's, was dazu führt, dass der berufliche Werdegang als maßgeblicher Bestimmungsfaktor für die Investitionserträge des Bildungserwerbs dominiert (DaVanzo 1976, S. 75).

- Durch den Bildungsstatus vermittelter Ressourcenzugang, insbesondere Informationen, kulturelles, finanzielles sowie soziales Kapital: Einer der wichtigsten Mechanismen von Bildung als „genereller Ressource" besteht im Zugang zu Informationen über (Arbeits-) Opportunitäten, und zwar besonders dann, wenn diese Opportunitäten in größerer Distanz vorliegen. Die Bezeichnung der Bildung als 'generelle Ressource' geht zurück auf die Argumentation von Sandefur und Scott (1981, S. 357). Kennzeichen dieser Ressourcenform ist deren lokale Ungebundenheit (vgl. Ladinsky 1967). Die Informationskosten gelten als die zentrale Determinante des Wechselverhaltens.

- Ein weiterer, maßgeblich über die Bildung vermittelter Einflussfaktor besteht im Zugang zu finanziellen Ressourcen. Mit Wechseln sind Kosten und Risiken verbunden, die durch ausreichendes Einkommen zumindest ausgeglichen werden können, so z. B. auch die Überbrückbarkeit von einkommenslosen Zeiten.

- Bildung ist darüber hinaus eine wichtige Determinante der Quantität und „Qualität" der sozialen Interaktionspartner: Individuen mit einem hohen Schulabschluss haben räumlich weiter ausgedehnte und umfangreichere soziale Netzwerke, die zudem eher durch freiwillig eingegangene soziale Beziehungen gekennzeichnet sind (Fischer 1982). Durch die größere Reichweite der Netzwerke und deren geographische Verbreitung ist ein besserer Zugang zu Informationen gewährleistet. Die an spezifischen Orten vorhandenen sozialen Bindungen stellen zudem eine Form des ortsspezifischen Kapitals dar, durch das einerseits die Wahrnehmung alternativer Orte erleichtert wird und andererseits die Erwartung von Hilfe und Unterstützung nach der Ankunft besteht (vgl. Gustavus; Brown 1977).

A-2.12   Ziel der Studie und Leitfragen

Ziel der Studie ist es, durch eine eigene Erhebung in einem als typisch für die moderne Wissensproduktion angesehenen Forschungsbereich Erkenntnisse über Verläufe, Motive und Wirkungen von intersektoralen Wechseln zu erhalten. Der Untersuchung liegen vier Leitfragen zugrunde:

Die erste Leitfrage bezieht sich auf Verlaufsmuster bzw. Typen intersektoraler Mobilität: Welche Formen intersektoraler Mobilität lassen sich unterscheiden? In welcher Lebensphase finden Wechsel statt, welche Wechselrichtungen sind typisch?

Zweitens sollen Motive intersektoraler Mobilität identifiziert werden. Zwar ist mittlerweile bekannt, dass Wissenschaftler in der biomedizinischen Forschung häufig erwarten, Profit aus ihren Forschungsergebnissen zu ziehen (Etzkowitz and Peters 1991). Es kann aber nicht a priori davon ausgegangen werden, dass dies die einzige Ursache für intersektorale Mobilität ist.

Die dritte Leitfrage bezieht sich auf die Wirkungen intersektoraler Mobilität. In welcher Hinsicht hat den Wissenschaftlern und Wissenschaftlerinnen der Wechsel genutzt? Wie hat sich der Wechsel auf die beruflichen Netzwerke ausgewirkt? Wie hat er sich auf den Karriereverlauf und auf den wissenschaftlichen Output ausgewirkt? Haben sich neue Arten der Wissensproduktion eingestellt?

Die vierte Leitfrage hat die diagnostizierte geringe Durchlässigkeit des deutschen Systems zur Grundlage und fragt nach funktionalen Äquivalenten zum intersektoralen Wechsel: Gibt es Transferinstrumente, die die mangelnde Wechselbereitschaft der deutschen Wissenschaftlerinnen und Wissenschaftler möglicherweise auffangen können?

Teil B: Methodisches Vorgehen

Um die genannten Fragen zu beantworten, wurde ein dreistufiges Vorgehen gewählt, das aus bibliometrischer Analyse, schriftlicher Befragung von Wissenschaftlern mit Kooperationserfahrung und persönlichen Interviews mit Wechslern bestand. Ziel des empirischen Teils war dabei nicht, eine für den Sektor Biomedizin repräsentative Darstellung von Wechselaktivitäten, Wissensflüssen oder transferierten Wissenstypen zu ermitteln, sondern eine möglichst umfassende Beschreibung von Verläufen, Motiven und Auswirkungen des intersektoralen Wechsels auf der Basis von Aussagen ausgewählter Wissenschaftler zu erhalten. Kriterium für die Auswahl der Befragten war zum einen die Kooperationserfahrung im Sinne einer gemeinsamen Publikation mit Wissenschaftlern eines anderen Sektors (Universität, außeruniversitäre Einrichtung oder Unternehmensforschung) und zum anderen - bei den vertiefenden Auswertungen und bei den Interviews - das Vorliegen einer persönlichen Wechselerfahrung.

Unser Sample repräsentiert also nicht alle Forscher im Bereich der deutschen Biomedizin, sondern nur diejenigen, die hier besonders aktiv und möglicherweise auch besonders exzellent sind. Streng genommen gilt, dass die Untersuchung repräsentativ ist für ko-publizierende deutsche Forscherinnen und Forscher im Bereich der Biomedizin, die heute in einem der drei Sektoren Universität/ Uni-Klinik, außeruniversitäre Einrichtung oder Unternehmen arbeiten.

B-1   Bibliometrische Analyse

Voraussetzung für die schriftliche Befragung war die Identifizierung der relevanten Akteure, d. h. der wichtigsten Wissensproduzenten im Feld und ihren Einrichtungen. Dazu wurde eine Ko-Publikationsanalyse durchgeführt. Die Vermutung hierbei war, dass Wissenschaftler, die mit Wissenschaftlern anderer Sektoren publizieren, mit hoher Wahrscheinlichkeit auch persönliche Wechsel vollzogen haben. Wir benutzten Ko-Publikationen als Indikatoren für mögliche frühere Kontakte bzw. für eine generell hohe Kooperationsncigung. Vor die Ko-Publikationsanalyse war eine bibliometrische Beschreibung des Feldes der Biomedizin geschaltet, die Aufschlüsse über Charakteristika und Bedeutung des Feldes gibt.

Basierend auf der inhaltlichen Abgrenzung der Biomedizin/Biotechnologie wurde eine geeignete Suchstrategie erarbeitet, die das Auffinden eines relevanten Publikationssamples für das Gesamtgebiet der Biomedizin gewährleistete. Die Publikationsdaten wurden unter Verwendung des Science Citation Index (SCI) generiert. Die Suchstrategien im SCI basierten auf einer Kombination von Stichwortrecherchen, Klassifikationsrecherchen (subject codes) und der Selektion relevanter Zeitschriften. Die ausschließliche Verwendung des von der Datenbank angebotenen Klassifikationssystems in einem interdisziplinären Wissenschafts- und Technikgebiet wie der Biomedizin, in dem auch in angrenzenden Gebieten publiziert wird, wäre nicht ausreichend gewesen.

B-1.1   Bibliometrische Beschreibung des Feldes der deutschen biomedizinischen Forschung

Ein erstes Ziel der bibliometrischen Analyse bestand in der Charakterisierung des Untersuchungsgebietes. Dabei zeigt sich, dass die Entwicklung in der Biomedizin/ Biotechnologie in den vergangenen zehn Jahren sehr dynamisch verlief. Unter dem Bereich Biomedizin/ Biotechnologie wird hier insbesondere der Teilbereich „Biopharma" erfasst, d. h. diejenigen Aktivitäten im Bereich der Biotechnologie, die für die Entwicklung neuer Therapeutika und Diagnostika für den Menschen relevant sind. Die USA sind mit Abstand der größte Wissensproduzent in diesem Wissenschaftsgebiet (siehe Abbildung 6). Deutschland folgt hinter Japan auf Platz drei. Gegen Ende der 90er-Jahre ist es Deutschland auf Grund der höchsten Wachstumsraten gelungen, Großbritannien auf den vierten Platz zu verdrängen. Frankreich gehört ebenso zu den international aktivsten Ländern in diesem Bereich.

Abbildung 6: Entwicklungstrends in der Biomedizin/Biotechnologie

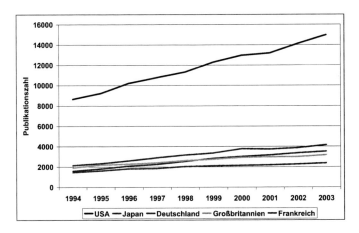

Quelle: Daten SCI via Host STN, eigene Erhebungen

Tabelle 3: Anteil der Biomedizin/ Biotechnologie Publikationen am gesamten Publikationsaufkommen

	1994/95	2000/01	2002/03
USA	4%	5%	6%
Frankreich	4%	4%	5%
Deutschland	3%	5%	5%
Japan	4%	5%	5%
Welt	3%	4%	4%
Großbritannien	3%	4%	4%

Quelle: Daten SCI via Host STN, eigene Berechnungen

International gesehen machen Publikationen in der Biomedizin/ Biotechnologie etwa 4 % der wissenschaftlichen Publikationen insgesamt aus (Tabelle 3). Mit Ausnahme Großbritanniens überschreiten alle betrachteten Länder diesen Wert. In den USA liegt der Anteil bei 6 %, in Japan, Frankreich und Deutschland bei 5 %. Allen Ländern gemeinsam ist die relative Zunahme der Publikationen seit Beginn der 90er-Jahre. Wie Tabelle 4 in diesem Kontext zeigt, ist die Wachstumsdynamik in der Biomedizin/ Biotechnologie deutlich höher als dies für die Produktion wissenschaftlicher Publikationen insgesamt, d. h. über alle Wissenschaftsgebiete der Fall ist. International betrachtet am dynamischsten gewachsen ist der Publikationsoutput in Deutschland.

Tabelle 4: Jährliche Wachstumsraten 1994-2003

	Gesamt	Biomedizin/Biotechnologie
Deutschland	3%	9%
Japan	3%	8%
Welt	2%	7%
USA	1%	6%
Großbritannien	2%	6%
Frankreich	2%	6%

Quelle: Daten SCI via Host STN, eigene Berechnungen

Abbildung 7 zeigt, dass die Biomedizin/Biotechnologie in den USA, Japan und Deutschland zu den Wissenschaftsgebieten gehört, auf die man sich besonders fokussiert.

Abbildung 7: Spezialisierung ausgewählter Länder

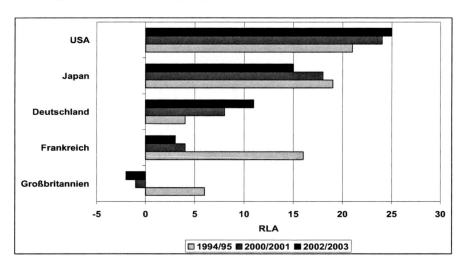

Quelle: Daten SCI via Host STN, eigene Berechnungen

Der Spezialisierungsindex RLA ist für diese Länder deutlich positiv. In Deutschland und den USA hat die Schwerpunktsetzung in den vergangenen zehn Jahren in diesem Gebiet stetig zugenommen, während für Japan ein kontinuierlicher Rückgang zu beobachten ist. Der RLA ist ein relativer Spezialisierungsindikator, der zum Ausdruck bringt, ob sich ein Land in einem Wissenschaftsgebiet im Vergleich zu seinen Aktivitäten insgesamt über- oder unterdurchschnittlich stark engagiert. Der RLA wird wie folgt berechnet:

$$RLA = 100 * \tanh \ln\left[\left(P_{ij} / \sum_i P_{ij}\right) / \left(\sum_j P_{ij} / \sum_{ij} P_{ij}\right)\right]$$

mit:

P_{ij} = Anzahl der Publikationen eines Landes i in einem Feld j,

$\sum_i P_{ij}$ = Anzahl der Publikationen aller Länder in einem Feld j,

$\sum_j P_{ij}$ = Anzahl der Publikationen eines Landes i in allen Feldern,

$\sum_{ij} P_{ij}$ = Anzahl der Publikationen aller Länder in allen Feldern.

Der Wert des Indikators ist null, wenn die Spezialisierung dem internationalen Durchschnittswert entspricht. Überdurchschnittliche Aktivitäten liegen in Feldern mit positiven Indikatorwerten vor, negative Indikatorwerte bedeuten unterdurchschnittliche Aktivitäten. Der Maximal- bzw. der Minimalwert des Indikators liegen bei ±100.

B-1.2 Identifikation von kooperationserfahrenen Wissenschaftlerinnen und Wissenschaftlern

Die zweite und für die Erhebung zentrale Aufgabe der bibliometrischen Analyse bestand in der Identifizierung von Akteuren, bei denen Wissenschaftlermobilität vermutet werden kann. Die Informationen aus der bibliometrischen Analyse sollten als Grundlage für die Auswahl der anzuschreibenden Personen der geplanten schriftlichen Befragung dienen. Ausgangspunkt war die Annahme, dass bei Akteuren, die sektorübergreifend kooperieren, auch intersektorale Mobilität von Wissenschaftlern zu finden ist. Kooperationen lassen sich zumindest partiell durch Kopublikationen abbilden (zur Adäquanz des Indikators Koautorenschaft zur Abbildung von Kooperationen, seine Möglichkeiten und methodischen Grenzen siehe Laudel 2002). Kopublikationen entstehen überwiegend aus arbeitsteiligen Kooperationen, bei denen an gemeinsamen Forschungsprojekten gearbeitet wird. Damit werden durch diesen Indikator die stabilsten Kooperationsbeziehungen erfasst, die einen konstanten intersektoralen Wissenstransfer zwischen den Einrichtungen erwarten lassen.

Um sektorübergreifende Kooperationen basierend auf Kopublikationen erfassen zu können, war zunächst die Klassifizierung der Akteure erforderlich. Im Rahmen einer früheren Studie wurde festgestellt, dass etwa 75 % der an Publikationen beteiligten Einrichtungen Universitäten bzw. Universitätsinstitute (einschließlich Universitätskliniken) sind, ungefähr 12 % sind außeruniversitäre Forschungseinrichtungen, 7 % Kliniken (ohne Universitätskliniken) und 5 % stammen aus der Industrie (Hinze et al. 2001).

Um die Klassifikation der Akteure vornehmen zu können, mussten zunächst die entsprechenden Adressdaten aus der Datenbank selektiert werden. Da die entsprechenden Datendownloads bei Verwendung der für die statistischen Analysen genutzten Version des SCI via STN außerordentlich teuer gewesen wären, wurde für die Adressgewinnung eine andere Version der Datenbank genutzt. Die Daten wurden über das Web of Science (Zugriff über das Internet) gewonnen. Leider bietet das Web of Science nicht die selben Suchmöglichkeiten, wie die kommerzielle verfügbare Version der Datenbank, d. h. komplexe Suchstrategien unter Verwendung von Stichworten, Klassifikationscode und Zeitschriften, auf denen die eigentliche Suchstrategie für die statistischen Analysen basiert, sind nicht in der selben Weise abfragbar. Aus diesem Grund wurden die ursprünglichen Recherchen in der STN-Version des SCI durchgeführt. Um die entsprechenden Publikationen dennoch auch im Web of Science auffinden zu können, wurden für die Jahre 2002 bis 2004 in der STN-Version der Datenbank sämtliche Titel der identifizierten Publikationen selektiert und in eine Access-Datenbank überführt. Es wurde eine Statistik über die Zeitschriftentitel, in denen diese Publikationen erschienen sind, erstellt. Da wie bereits erwähnt, die Suchmöglichkeiten im Web of Science beschränkt sind, eine Suche nach Zeitschriften aber möglich ist, wurden diese Informationen dann genutzt, um alle Artikel, d. h. auch die nicht für den Bereich Biomedizin/Biotechnologie relevanten Artikel, dieser Zeitschriften vom Web of Science zu selektieren. Auf Grund der großen Datenmengen wurde entschieden, nur die Zeitschriften zu verwenden, in denen im Zeitraum 2002-2004 mindestens fünf Artikel zum Gebiet Biomedizin/Biotechnologie gefunden worden waren. Die so im Web of Science gefundenen Publikationen wurden ebenfalls in eine Access-Datenbank überführt. Es wurden neben Titel und Autoren sämtliche bibliographische Angaben selektiert und in die Access-Datenbank aufgenommen. Auf der Basis der Titel der einzelnen Artikel wurde dann ein Datenabgleich durchgeführt, um die Publikationen zu identifizieren, die in der Onlineversion des SCI auf der Basis der feldbezogenen Recherchestrategie gefunden worden waren.

Im Ergebnis liegt offline eine Publikationsdatenbank vor, die alle Autoren und deren Adressen beinhaltet, die zwischen 2002 und 2004 im Bereich Biomedizin/Biotechnologie publiziert haben – mit der Einschränkung, dass sie in Zeitschriften publiziert haben müssen, in denen im betrachteten Zeitraum mindestens fünf Publikationen in diesem Bereich erschienen sind.

Insgesamt wurden mehr als 25.000 Adressen identifiziert, die in einem nächsten Schritt nach Sektoren klassifiziert wurden. Es wurde eine mehrstufige Klassifikation verwendet, die die Akteure in die Kategorien „Industrie", „Universitäten etc." (einschließlich Universitätskliniken) und „außeruniversitäre Forschungseinrichtungen" (z. B. Max-Planck-Institute, Leibnitz-Institute) einteilt. Die Klassifikation wurde manuell vorgenommen. Basierend auf dieser Klassifikation wurden für jede einzelne Kombination von Sektoren sektorübergreifende Kopublikationen identifiziert.

Ein Problem, das sich für die Gewinnung von Adressdaten für die schriftliche Befragung ergeben hat, ist, dass auch im Web of Science, wie dies gleichermaßen in der STN-Version der Datenbank der Fall ist, eine eindeutige Zuordnung der Autoren zu Adressen nicht in jedem Fall gegeben ist. Um die Datenlage zu verbessern, wurde auf die Angaben zu den „corresponding authors", die im Web of Science verfügbar sind, zurückgegriffen. Hier ist die eindeutige Adresszuordnung gegeben. Die entsprechenden Informationen wurden genutzt, um sukzessive Autoren und Adressen zu „matchen". Wurde z. B. für einen Autor „A" in einer Publikation „B" eine eindeutige Adresszuordnung auf der Basis der Angaben zum „corresponding author" gefunden, so wurde diese Information genutzt, um die entsprechende Zuordnung auch in Publikation „C" vorzunehmen. Durch dieses Verfahren wurde es möglich, verbleibende Autoren, zu denen es keine Informationen aus dem „corresponding author"-Feld gab, per Ausschlussverfahren Adressen zuzuordnen. Die Adresszuordnung wurde in einem iterativen Verfahren vorgenommen. So konnten zwar nicht alle Autoren und Adressen zugeordnet werden, die Anzahl der Zuordnungen konnte jedoch erhöht werden und somit die Zahl der Adressen, die für die schriftliche Befragung genutzt werden kann.

Durch dieses Verfahren konnten zunächst 1.777 Personen identifiziert werden, die für die Befragung in Betracht kamen. Da die Adressdaten von den Datenbanken nicht vollständig ausgegeben wurden, mussten händische Nachrecherchen vorgenommen werden. Vornamen und damit das Geschlecht für die Anrede (vorhanden waren nur Anfangsbuchstaben) und Straße mit Hausnummer (vorhanden waren nur PLZ und Ort) wurden über das Internet recherchiert. Darüber hinaus war die Institutsbezeichnung oftmals in Englisch oder in Kürzeln wiedergegeben. Nach Abzug von Dopplungen, wurden letztlich 551 vollständige Adressen identifiziert.

Da aufgrund von Erfahrungswerten davon ausgegangen wurde, dass die Rücklaufquote im Unternehmensbereich schlechter sein würde als bei den Wissenschaftlern im öffentlichen Bereich, wurden zusätzlich zu den Adressen aus der bibliometrischen Untersuchung 149 Adressen aufgenommen, die aus einem anderen Forschungsprojekt am Fraunhofer ISI stammten. Dabei handelte es sich um Personen, die in Unternehmen der Biopharma-Branche in Deutschland tätig sind und die in den jeweiligen Unternehmen Ansprechpartner für Innovationsfragen sind. Diese Personen waren zuletzt zwischen Dezember 2003 und Januar 2004 im Rahmen des ISI-Projekts „Pharma-Innovationsstandort Deutschland" angeschrieben worden (Gaisser et al. 2005). Für die Mobilitäts-Untersuchung wurden nur die promovierten Ansprechpartner angeschrieben. Die Promotion fungierte als Marker für „Wissenschaftsnähe", d. h. sie wurde als Hinweis darauf gewertet, dass die entsprechende Person forschungsnah arbeitet und damit prinzipiell für einen Wechsel in einen anderen Sektor (Universität, Uni-Klinik, Grundlagenforschung, evtl. sonstige Kliniken) in Frage kommt.

Insgesamt waren 700 vollständige Adressen verfügbar, die entsprechend angeschrieben wurden und die sich wie folgt auf die drei Sektoren verteilten: Unternehmen 329, Universitäten/Uni-Kliniken 234 und außeruniversitäre Einrichtungen 137.

B-2 Schriftliche Befragung

B-2.1 Fragebogenentwicklung und Versand

In der ersten Jahreshälfte 2005 erfolgte parallel zur Erstellung einer Adressdatenbank die Entwicklung des Fragebogens. Im Team wurden verschiedene Ansätze zur Frageführung und zu Filtern bzw. Verzweigungen diskutiert. Das Problem bestand darin, eine überzeugende Lösung zu finden, mit der sowohl „Wechsler" nach den Gründen für den Wechsel als auch „Nicht-Wechsler" nach den Gründen für das Verbleiben in ihrer aktuellen Position abgefragt werden konnten. Hinzu kam, dass Wechsel sowohl innerhalb eines Sektors als auch intersektoral, d. h. zwischen öffentlicher Forschung und Unternehmen möglich sind und entsprechend abgebildet werden mussten. Das Fragebogendesign sollte es ermöglichen, dass bei der Auswertung beide Wechselarten nachgezeichnet werden können. Zusätzlich sollte nicht nur zwischen öffentlich finanzierter Forschung und Unternehmensforschung unterschieden werden, sondern innerhalb des öffentlichen Bereichs zusätzlich zwischen „Universität/Uni-Klinik" auf der einen und „Forschung in außeruniversitären Instituten" (der Grundlagenforschung) auf der anderen Seite.

Schließlich wurde entschieden, dass die Wissenschaftler ihren kompletten beruflichen Werdegang seit ihrem Studienabschluss (ab einer Beschäftigungsdauer von 6 Monaten) auf einer Doppelseite, der so genannten Matrix angeben sollten (s. Seiten 2 und 3 des Fragebogens, siehe Anhang 1). Die Originalfrage lautete:

> *„Wenn Sie an Ihren bisherigen beruflichen Werdegang denken: In welchen Einrichtungen waren Sie nach Ihrem Studium für einen Zeitraum von mindestens sechs Monaten beschäftigt?"*

Die Befragten wurden gebeten, für jede dieser beruflichen Stationen eine Reihe weiterer Fragen zu beantworten, z. B. welchem Einrichtungstyp die Zieleinrichtung angehört (Universität, Unternehmen, außeruniversitäre FuE-Einrichtung usw.), wie lange sie dort gearbeitet haben, was das Motiv für den Wechsel war, welche Wirkung der Wechsel auf die Karriere hatte usw.

Um die Validität zu erhöhen und um in der Auswertung Plausibilitätsüberprüfungen zu erleichtern, wurde die Wechselfrage gedoppelt, d. h. sie wurde vor der Matrix explizit formuliert - und zwar im Zusammenhang mit den Kooperationserfahrungen: In Frage 3 sollten die Befragten angeben, ob sie früher eine Anstellung in einem anderen „Sektor" oder in einem anderen Institut/Unternehmen im gleichen „Sektor" hatten.

Abbildung 8: Wechselerfahrung aus Frage 3: Ausschnitt aus dem Fragebogen (für Forscher an Universitäten/außeruniversitären Einrichtungen)

Frühere Anstellung an - einer Universität / Uni-Klinik ☐ ☐ ☐

- in einem anderen Unternehmen ☐ ☐ ☐

- einer außeruniversitären Forschungseinrichtung (MPG, HGF, FhG, WGL) ☐ ☐ ☐

- sonstige: _____ ☐ ☐ ☐

Sonstiges (bitte ausführen): ☐ ☐ ☐

Um eine Personalisierung des Fragebogens bei den Kooperationsmöglichkeiten und den Karriereverläufen zu ermöglichen, wurden zwei sich nur geringfügig unterscheidende Fragebogenversionen erarbeitet und verschickt: Eine Version an Wissenschaftler in öffentlich finanzierten Forschungseinrichtungen (Universitäten und außeruniversitäre Einrichtungen) und eine Version an Forscher in Unternehmen. Die Variation beschränkte sich auf Antwortmöglichkeiten, die bei Unternehmensangehörigen zwangsläufig anders ausfallen müssen als bei Universitätsangehörigen. So lautete z. B. eine Antwortmöglichkeit im Fragebogen für Unternehmensangehörige in Frage 3: „Frühere Anstellung in einem *anderen* Unternehmen", weil der Befragte ja schon im Unternehmenssektor beschäftigt ist. Bei den Fragebögen für Uniangehörige und Beschäftigte in außeruniversitären Einrichtungen wurde das Wort „andere" entsprechend in Klammern gesetzt. Darüber hinaus wurden leichte Variationen bei der Liste der Kooperationserfahrungen eingearbeitet, um Missverständnisse auszuschließen.

Im Fragebogen wurden vier Hauptpunkte abgefragt, die sich an den entsprechende Leitthesen der Untersuchung orientieren:

- Art und Zeitpunkt des Wechsels im Lebens- bzw. Karriereverlauf,

- Gründe für den Wechsel / Gründe für den Nicht-Wechsel,

- Auswirkungen des Wechsels / von Kooperationsformen auf die wissenschaftliche Tätigkeit / Auswirkungen von Kooperationsformen im Falle des Nicht-Wechsels,

- Kenntnis und Einschätzung von politischen Programmen zur Förderung intersektoraler Mobilität.

Diese Hauptpunkte wurden im Fragebogen in fünf Sektionen abgefragt:

A. Mobilität als Form des Wissenstransfers,
B. berufliche Mobilität,
C. Wirkungen von Kooperationen und Mobilität,
D. Gründe für Nicht-Mobilität,
E. Abschlussfragen.

Der Fragebogen wurde einem Pretest unterzogen und mehrfach überarbeitet, bevor er am 7. Juli 2005 an die 700 ausgewählten Wissenschaftlerinnen und Wissenschaftler verschickt wurde. Die angeschriebenen Forscher wurden gebeten, den ausgefüllten Fragebogen möglichst innerhalb von 2 Wochen, d. h. bis zum 20. Juli zurückzuschicken.

Die Form des Papier-Fragebogens wurde bewusst einer Online-Variante vorgezogen, zum einen, um die Seriosität der Befragung und die individuelle Ansprache hervorzuheben und zum anderen, um die matrixhafte Fragegestaltung intuitiv erfassbar zu machen. In einer Online-Version hätte diese Art der Befragung eine vielfach segmentierte, äußerst komplexe Frageführung zur Folge gehabt, deren Sinn sich den Befragten möglicherweise nicht unmittelbar erschlossen hätte.
Entsprechend der Fragestellung im Projekt wurden bei der Befragung drei Gruppen von Wissenschaftlern unterschieden:

- Wissenschaftler, die in Unternehmen (hauptsächlich im FuE-Bereich) tätig sind,

- Wissenschafter, die an Universitäten, Universitäts-Kliniken oder sonstigen Kliniken forschend tätig sind,

- Wissenschaftler, die an Instituten der Grundlagenforschung (Institute der Max-Planck-Gesellschaft (MPG), der Helmholtz-Gemeinschaft (HGF) oder der Wissenschaftsgemeinschaft Gottfried-Wilhelm-Leibnitz (WGL) tätig sind.

B-2.2 Der Rücklauf

Trotz der Urlaubszeit, in die die Befragungsaktion fiel, war der Rücklauf von zunächst 162 ausgefüllten Fragebögen hoch. Insgesamt 24 Fragebögen kamen als Fehlläufer, bzw. mit der Anmerkung zurück, dass die angeschriebene Person nicht mehr in der Institution arbeitet. Nach Abzug der Fehlläufer ergab sich eine vorläufige Netto-Rücklaufquote von 24 %, der als sehr gut bezeichnet werden kann und auf deren Basis valide Aussagen möglich sind.

Der erste Rücklauf wies jedoch noch eine deutliche Unterbesetzung in der Gruppe der außeruniversitären Forschung auf. Deshalb wurde im September 2005 eine Nachfassaktion in der Gruppe der außeruniversitären Forscher durchgeführt, bei der 100 Personen dieser Gruppe erneut angeschrieben und gebeten wurden, den Fragebogen auszufüllen.

Tatsächlich konnte so letztlich eine ungefähre Gleichverteilung bei der absoluten Anzahl der ausgefüllten Fragebögen zwischen den drei Gruppen erreicht werden. Tabelle 5 zeigt die Rückläufe nach der Nachfassaktion über alle drei Gruppen.

Tabelle 5: Verteilung der Rückläufer über die drei Gruppen

Klassifikation	Anzahl verschickter Fragebögen	Rückläufe absolut	Anteil Rückläufe zu verschickten Fragebögen	Verteilung Rückläufe über die Gruppen
(1) Unternehmen	329	58	17,63	32,58
(2) Unis, Unikliniken, sonstige Kliniken	234	71	30,34	39,89
(3) Außeruniversitäre Forschung	137	49	35,76	27,53
Gesamt	700	178	25,46	100

Die 13 zusätzlichen Fragebögen aus der Nachfassaktion mitgezählt, ergibt sich mit insgesamt 178 ausgefüllten Fragebögen eine sehr gute Rücklaufquote von 25 %.

Die Rücklaufquoten in den einzelnen Sektoren fallen erwartungsgemäß unterschiedlich aus. In der Gruppe der Unternehmen ist der Rücklauf mit 18 % am Geringsten, dann folgt die Gruppe der Universitäts- und Uniklinik-Forscher (die außerdem mit 12 Personen die relativ kleine Gruppe der sonstigen Kliniken beinhaltet) mit 30 % Rücklauf und die Gruppe der außeruniversitären Forscher mit einer Rücklaufquote von ca. 39 % (Abbildung 9).

Teil B: Methodisches Vorgehen

Abbildung 9: Rücklaufquoten in den drei Gruppen

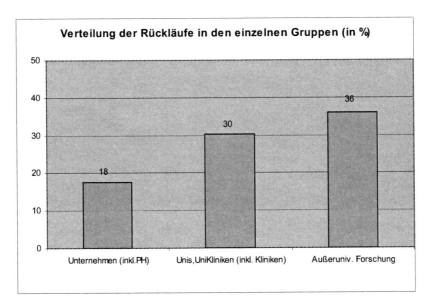

Bezogen auf die absolute Zahl der Rückläufer sowie auf die Verteilung der Rückläufer über die drei Sektoren hinweg ergibt sich allerdings ein ausgeglichenes Bild: Jeder Sektor stellt ungefähr ein Drittel der gesamten Rückläufer (Abbildung 10).

Abbildung 10: Verteilung der Rückläufer über die drei Gruppen

Der insgesamt hohe Rücklauf (25 %) belegt, dass die gewählte (insgesamt sehr aufwändige) Methode der Adressengenerierung über die Bibliometrie letztlich richtig war. Man muss hierbei bedenken, dass die Befragten keinerlei Verpflichtung oder Anreiz hatten, den Fragebogen auszufüllen, wie dies z. B. der Fall ist bei Projekten, die offiziell evaluiert werden. Der hohe Rücklauf ist auch deshalb erstaunlich, weil der Fragebogen sehr komplex ist und mit sechs Seiten Umfang eine gewisse Zeit zum Ausfüllen beansprucht.

B-2.3 Frauenanteil im Sample und bei den Rückläufern

Von den insgesamt angeschriebenen 700 Forschern waren 623 Männer und 77 Frauen, was einem Frauenanteil im Sample von 11 % entspricht. Dies war von der Datenbankauswertung vorgegeben und bedeutet, dass nur bei jeder zehnten Ko-Publikation eine Frau als Autor beteiligt war.

Abbildung 11: Frauenanteil in den Sektoren (Rückläufer) in Prozent

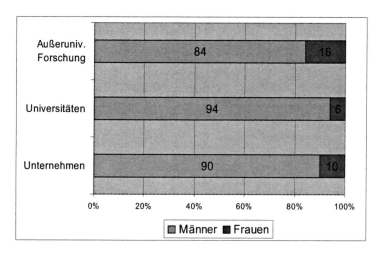

Die Verteilung der Rückläufe entspricht diesem Verhältnis ziemlich genau: 11 % aller Fragebögen wurden von Frauen ausgefüllt und zurückgeschickt und 89 % von Männern. Interessant ist die Verteilung der Rückläufer in den Sektoren, bei der sich zeigt, dass der Frauenanteil mit 16 % in der außeruniversitären Forschung am höchsten ist und in den Unternehmen und Universitäten mit 6 bzw. 10 % ungefähr gleich niedrig ist.

B-2.4 Beschreibung des Samples

Insgesamt haben 178 Personen den Fragebogen beantwortet. Die Befragten stammen zu 33 % aus dem Unternehmenssektor, zu 40 % aus dem Universitäts- bzw. Uniklinik-Bereich und zu 28 % aus der außeruniversitären Forschung.

Von den insgesamt 178 Forscherinnen und Forschern, die an der Befragung teilnahmen, haben 176 Angaben zu den einzelnen Karrierestationen während ihres beruflichen Werdeganges gemacht, d. h. den Matrixteil im Fragebogen beantwortet. Die zwei fehlenden Angaben stammen aus dem Unternehmensbereich. Insgesamt haben die Befragten 522 einzelne Karrierestationen näher beschrieben.

Das Fragebogendesign erlaubt Auswertungen auf zwei Ebenen: Der Ebene der Personen (n=178) und der Ebene der einzelnen Wechsel (n=522). Auswertungen aus der Perspektive der einzelnen Wechsel finden sich in Teil C, in dem es um Verläufe, Motive und Effekte von Wechseln geht. Auswertungen auf der Ebene der Personen finden sich in Teil D und E, bei denen es um Einschätzungen von hemmenden und förderlichen Faktoren für den Wechsel sowie um die Einschätzung von politischen Programmen geht.

Die Fallzahlen für beide Betrachtungsebenen reduzieren sich um die jeweils unvollständigen Fälle. Insbesondere auf der Betrachtungsebene der einzelnen Wechsel kommt es zu einer signifikanten Reduktion der Fallzahlen, die im Folgenden näher beschrieben wird.

Im Matrix-Teil wurden die Befragten gebeten, jede Karrierestation nach Abschluss ihres Studiums sowie den jeweiligen Zeitraum der Beschäftigung anzugeben. Hierdurch sollte die vollständige Abbildung des tatsächlichen Karriereverlaufs ermöglicht werden. Für die Analyse des Matrixteils wurden folgende Festlegungen getroffen:

- „Immobil" sind diejenigen Befragten, die zum Zeitpunkt der Befragung noch am gleichen Arbeitsplatz tätig waren wie zum Zeitpunkt direkt nach Studienabschluss.

- „Berufseintritt" ist die erste „Station" nach Studienabschluss.

- „Echte" Wechsel sind beruflichen Veränderungen, die nach Aufnahme der ersten Tätigkeit nach Studienabschluss folgen. Dies bedeutet, dass der Berufseintritt nicht als Wechsel klassifiziert wird.

Um Aussagen über „echte" Wechsel" machen zu können, war die Angabe einer Jahreszahl unabdingbare Voraussetzung. Leider wurde diese nicht von allen Befragten getätigt, d. h. einige machten dort entweder gar keine Angabe oder aber sie charakterisierten den Zeitraum der Beschäftigung in Jahren (und nicht, wie intendiert, in Jahreszahlen), so dass die zeitliche Abfolge zwischen den einzelnen Karrierestationen nicht ermittelbar war. Damit konnte auch nicht die Richtung des Wechsels, d. h. ob die Befragten z. B. von einem Unternehmen zu einer Universität gewechselt haben, ermittelt werden.

Von den 176 Personen haben 19 keinen Wechsel in der beruflichen Laufbahn nach Studienabschluss durchgeführt, d. h. sie waren zum Zeitpunkt der Befragung noch an der gleichen Stelle tätig, wie nach Beendigung des Studiums. Durch diese, als „immobil" bezeichneten Personen reduziert sich die Zahl der beschriebenen Karrierestationen um 19 Fälle, so dass sich 503 Angaben zu Karrierestationen ergeben, die von insgesamt 157 Befragten gemacht wurden.

Aus inhaltlichen Gründen wurde die jeweils erste beschriebene Karrierestation nicht als „Wechsel" definiert, da es sich hierbei um den Eintritt in das Berufsleben handelt und nicht um einen Wechsel zwischen verschiedenen beruflichen Stationen. Hierdurch reduziert sich die Anzahl der beschriebenen Karrierestationen weiter auf 346 Wechsel (503-157).

Die Identifikation der ersten beruflichen Station nach Studienabschluss setzt voraus, dass bei einer beschriebenen Karrierestation auch angegeben wurde, von wann bis wann sich die Befragten dort jeweils aufgehalten haben. Diese Jahresangabe fehlt aber in 35 Fällen, so dass sich die Zahl der tatsächlich zu berücksichtigenden Befragten für die Analysen der intra- und intersektoralen Mobilität auf nur noch 122 Befragte reduziert. Diese haben schlussendlich 272 tatsächliche Wechsel näher beschrieben.

Bevor die eigentlichen Analysen erfolgen, muss geklärt werden, ob durch die oben skizzierten Reduktionsschritte eine Antwortverzerrung zu erwarten ist. Hierzu wird anhand der folgenden Tabellen geprüft, ob die Gruppe der „Immobilen" und derjenigen, die keine Jahresangaben gemacht haben, sich jeweils vom Gesamtdurchschnitt unterscheiden. Die folgenden Tabelle 6 und Tabelle 7 stellen dar, wie hoch der Anteil der jeweils interessierenden Gruppe (z. B. „Immobile") an der Gesamtzahl der Antwortenden in der entsprechenden Kategorie (z. B. Männer versus Frauen) ist. In Klammern ist jeweils die zugrunde liegende Fallzahl abgebildet.

Die Gruppe der 19 Immobilen ist im Vergleich zu den 157 Mobilen wie folgt zu charakterisieren: Frauen zählen etwas häufiger zur Gruppe der „Immobilen", wenngleich dieses Ergebnis aufgrund der niedrigen Fallzahl mit Vorsicht zu interpretieren ist. Deutliche Abweichungen treten dagegen im Hinblick auf den beruflichen Status sowie die „Herkunftsinstitution" (d. h. diejenige Einrichtung, in der die Befragten zum Zeitpunkt der Befragung tätig waren) auf: Vor allem in der Gruppe der Privatdozenten sind viele Befragte noch an der derjenigen Arbeitsstelle tätig, die sie nach Studienabschluss eingenommen haben. Dies ist aber nicht überraschend, handelt es sich hierbei doch um eine Qualifizierungsphase. Weit aufschlussreicher ist, dass insbesondere diejenigen Befragten, die zum Zeitpunkt der Befragung im Universitätssektor tätig waren, relativ häufig keine Wechsel in der Arbeitsstelle vorgenommen haben, insbesondere im Vergleich zur Gruppe der an außeruniversitären Einrichtungen tätigen Wissenschaftlerinnen und Wissenschaftler, die einen nur geringen Anteil an „Immobilen" aufweisen.

Tabelle 6: Reduktion durch die Immobilen: Verhältnis zur Grundgesamtheit

Merkmal	Mobile	Immobile	GESAMT
GESAMT-Fallzahl	503	19	522
Gender			
Anteil Männer	90,9% (457)	89,5% (17)	90,8% (474)
Anteil Frauen	9,1% (46)	**10,5%** (2)	9,2% (48)
Herkunftsinstitution			522
Unternehmensbereich	32,4% (163)	26,3% (5)	32,2% (168)
Universitätsbereich	36,8% (185)	**57,9%** (11)	37,5% (196)
außeruniversitärer Bereich	30,8% (155)	15,8% (3)	30,3% (158)
Beruflicher Status[1]			518
Professoren	34,4% (173)	31,6% (6)	34,3% (179)
Privatdozenten	10,1% (51)	**21,1%** (4)	10,5% (55)
Promovierte	54,9% (276)	42,1% (8)	54,4% (284)

[1] Die 4 „Sonstigen" wurden hier nicht berücksichtigt.

Tabelle 7: Reduktion durch fehlende Jahresangaben: Verhältnis zur Grundgesamtheit

Merkmal	Jahresangaben vorhanden	Jahresangaben fehlen	GESAMT
GESAMT-Fallzahl	**412**	**110**	**522**
Gender			
Anteil Männer	90,3% (372)	92,7% (102)	90,8% (474)
Anteil Frauen	9,7% (40)	7,3% (8)	9,2% (48)
Herkunftsinstitution			522
Unternehmensbereich	31,6% (130)	34,5% (38)	32,2% (168)
Universitätsbereich	35,0% (144)	47,3% (52)	37,5% (196)
außeruniversitärer Bereich	33,5% (138)	18,2% (20)	30,3% (158)
Beruflicher Status[1]			518
Professoren	31,3% (129)	45,5% (50)	34,3% (179)
Privatdozenten	10,9% (45)	9,1% (10)	10,5% (55)
Promovierte	57,5% (237)	42,7% (47)	54,4% (284)

[1] Die 4 „Sonstigen" wurden hier nicht berücksichtigt.

Gibt es eine systematische Verzerrung im Hinblick auf die Frage, ob eine korrekte Jahresangabe gemacht wurde? Es fällt zumindest auf, dass insbesondere Befragte, die zum Zeitpunkt der Befragung im Universitätssektor arbeiteten, und hier entsprechend häufig die Professoren, besonders oft keine Jahresangaben gemacht haben. Da es sich bei beiden Teilpopulationen jedoch um große Gruppen handelt, sollten keine größeren Effekte im Hinblick auf die Gesamtverteilung der Antworten zu erwarten sein.

B-3 Interviews

Zur Vertiefung und zum besseren Verständnis der in der schriftlichen Befragung gewonnen Erkenntnisse wurden im Zeitraum November bis Dezember 2006 telefonische Interviews mit ausgewählten Befragten durchgeführt. Die Gespräche fanden anhand eines Interviewleitfadens statt, der in Anhang 2 wiedergegeben ist. Die Interviewpartner wurden nach folgenden Kriterien ausgewählt:

1) intersektorale Mehrfachwechsler,

2) intrasektorale Mehrfachwechsler,

3) Frauen.

Insgesamt wurden 29 Personen kontaktiert, davon konnten 16 Interviews realisiert werden. Stichwortartige Zusammenfassungen der Interviews wurden bereits im Zwischenbericht 2006 vom Februar 2007 dokumentiert. Die Ergebnisse der Interviews sind in den folgenden Text an verschiedenen Stellen eingeflossen.

Teil C: Verläufe, Motive und Wirkungen intersektoraler Mobilität

C-1 Einleitung

Grundlage der folgenden Auswertungen sind die Angaben, die die Befragten im Matrixteil des Fragebogens zu ihren einzelnen beruflichen Stationen gemacht haben. Die Perspektive der Auswertung ist dementsprechend die Perspektive der Wechsel und nicht die der befragten Personen. Auswertungen auf der Ebene von Personen, wie z. B. persönliche Einschätzungen hinsichtlich fördernder und hemmender Faktoren, folgen in den Abschnitten D und E.

Es sei an dieser Stelle ausdrücklich darauf hingewiesen, in diesem Auswertungsteil von „Wechseln" zu sprechen und nicht von „Wechslern", da ein und dieselbe Person im Laufe ihrer Karriere unterschiedliche Anzahl und Formen von Wechseln durchführen kann. Eine Interpretation der Daten in die Richtung, dass eine Person, die sich zum Zeitpunkt der Befragung in Unternehmen B befand und vorher in einem anderen Unternehmen A gearbeitet hat, sei eine intrasektoral wechselnde Person im Unternehmensbereich ist z. B. nicht zulässig. Denn die Person kann davor durchaus Stationen im universitären oder außeruniversitären Sektor absolviert haben. Um die folgenden Auswertungen besser einschätzen zu können, ist in Abbildung 12 eine idealtypische Wechselabfolge abgebildet.

Abbildung 12: Idealtypische Wechselfolge zur Illustration der Perspektive der Wechsel

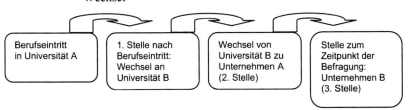

Im Matrixteil des Fragebogens wurden insgesamt 272 „echte" Wechsel angegeben, die sowohl innerhalb als auch zwischen den einzelnen Sektoren erfolgt sein können. Die Bezeichnung „echte" Wechsel bezieht sich auf Festlegungen, die im methodischen Teil getroffen wurden (siehe Abschnitt B-2.4 Beschreibung des Samples). Sie klammert den ersten Mobilitätsschritt nach Abschluss des Studiums aus, weil es sich hier nicht um einen Wechsel im hier interessierenden Sinne handelt, sondern um den Berufseinstieg. Ebenfalls ausgeklammert wurden die so genannten Immobilen, die zum Zeitpunkt der Befragung bei derselben Institution arbeiteten wie direkt nach Abschluss des Studiums.

Begrenzt man die Analyse auf die insgesamt 272 beobachteten „echten" Wechsel im Karriereverlauf der Befragten, so bieten sich zwei Auswertungs-Dimensionen an:

➤ Analyse nach der Zielinstitution, zu der im Karriereverlauf gewechselt wurde, differenziert nach Unternehmen, Universitäten, außeruniversitären FuE-Einrichtungen und „sonstigen" Einrichtungen, aber unabhängig davon, wo der oder die Befragte zum Zeitpunkt der Befragung gearbeitet haben.

➤ Analyse nach der Unterscheidung, ob ein intra- oder intersektoraler Wechsel vorgenommen wurde, durchgeführt auf der Basis einer exakten Chronologie der einzelnen Karrierestationen.

Grundsätzlich können anhand der beiden Auswertungs-Dimensionen folgende Fragestellungen bearbeitet werden, welche gleichzeitig die Gliederung des Analyseteils vorgeben:

1. Mobilitäts-Formen: Welche Zielinstitutionen werden am häufigsten ausgewählt (Frage 6)? Wie häufig wird im Durchschnitt gewechselt (Frage 6)? Sind mit den beruflichen Wechseln auch Ortswechsel verbunden (Frage 8)? Welche Art der Forschung wird an der jeweiligen Stelle betrieben (Frage 9)?

2. Motive für den Wechsel: Was waren damals die jeweiligen Hauptgründe für die Entscheidung, dort zu arbeiten (Frage 7)?

3. Informationsquellen: Wie sind Sie auf die jeweilige Stelle aufmerksam geworden (Frage 10)?

4. Mobilitäts-Determinanten: Multivariante Untersuchung der Einflussgrößen auf das Mobilitätsverhalten.

5. Wirkungen der Mobilität im Hinblick auf die Karriere insgesamt (Frage 13), die Publikations- (Frage 14) und Patentaktivitäten (Frage 15) sowie Beziehungen (Frage 11) und Netzwerke (Frage 12).

6. Einfluss ausgewählter Persönlichkeitsmerkmale auf das Mobilitätsverhalten. Wie wirken sich Geschlecht, Alter und beruflicher Status auf das Mobilitätsverhalten aus?

7. Einordnung der persönlichen Mobilität im Vergleich zu anderen Wissens- und Technologietransferformen: Können z. B. intensive Kooperationsbeziehungen persönliche Wechsel ersetzen?

C-2 Mobilitätsformen

Die Befragten, die die insgesamt 272 Wechsel näher beschrieben haben, befinden sich zum Zeitpunkt der Befragung zu jeweils ca. einem Drittel im Unternehmenssektor (31,3 %, 85 Wechsel), dem Universitätssektor (33,8 %, 92 Wechsel) und dem außeruniversitären Bereich (34,9 %, 95 Wechsel). Die Verteilung auf Männer und Frauen macht deutlich, dass vor allem Männer verschiedene Karrierestationen beschrieben haben (91,2 %, 248 Wechsel) und nur wenige Frauen (8,8 %, 24 Wechsel). Der berufliche Status der Befragten ist dadurch gekennzeichnet, dass mehrheitlich Personen geantwortet haben, deren Abschluss die Promotion ist (55,5 %, 151 Wechsel), gefolgt von Professor/-innen (33,5 %, 91 Wechsel) und - mit weitem Abstand - Privatdozent/-innen (11 %, 30 Wechsel).

Fragt man nach typischen Verlaufsmustern der beruflichen Wechsel in unserem Sample, so ergibt sich folgendes Bild (Tabelle 8): Zunächst geben die Spaltenprozente in der Tabelle an, dass die meisten Wechsel hin zu einer Universität bzw. einer Uni-Klinik erfolgten (45,2 %). Dann folgen die Wechsel zu Unternehmen mit 26,5 % und die Wechsel zu außeruniversitären Forschungseinrichtungen (25,7 %). Die „sonstigen Einrichtungen" hinter denen sich „freiberuflicher Laborant", „Fachinfostelle Wehrtechnik und Beschaffung (BWB) Koblenz", „Heisenberg-Stipendiat", „arbeitslos", „Landesanstalt Umweltschutz Baden-Württemberg" und „FCI" verbergen, können quantitativ vernachlässigt werden.

Tabelle 8: Häufigkeit der Wechsel zwischen unterschiedlichen Institutionen aus der Perspektive des jetzigen Arbeitsortes

Herkunfts-institution[1]	Wechsel hin zu ...[2]				GESAMT
	Unternehmen	Universitäten / Kliniken	außeruniver-sitär	Sonstige	% (N)
Unternehmen	**68,2% (58)**	17,6% (15)	12,9% (11)	1,2% (1)	31,3% (85)
Universitäten / Klinik	9,8% (9)	**71,7% (66)**	17,4% (16)	1,1% (1)	33,8% (92)
außeruniv.	5,3% (5)	44,2% (42)	**45,3% (43)**	5,3% (5)	34,9% (95)
GESAMT	26,5% (72)	45,2% (123)	25,7% (70)	2,6% (7)	272

[1] Herkunftsinstitution bezogen auf den Zeitpunkt der Befragung,
[2] bezogen auf die gesamte berufliche Laufbahn.

Betrachtet man nun die jeweiligen Zeilenprozente, dann geben alle drei Befragtengruppen als häufigste Wechselrichtung einen Wechsel innerhalb ihres eigenen Sektors an, d. h. Befragte, die zum Zeitpunkt der Befragung im Unternehmenssektor tätig waren, nennen bezogen auf die Gesamtzahl der von ihnen beschriebenen

Wechsel am häufigsten eine Station in einem Unternehmen (68,2%), während Befragte, die zum Zeitpunkt der Befragung an einer Universität beschäftigt waren, am häufigsten eine Universität als Karrierestation angaben (71,7 %). Entsprechendes gilt für den außeruniversitären Sektor (45,3 %).

Sowohl Befragte aus dem Unternehmenssektor als auch Befragte aus dem Universitätsbereich verfügen damit mehrheitlich über Erfahrungen innerhalb des eigenen Sektors, d. h. Unternehmensbefragte weisen primär Erfahrung mit anderen Unternehmen auf, Universitätsbefragte primär mit anderen Universitäten.

Unternehmenserfahrungen spielen weder für derzeit an Universitäten noch für derzeit an FuE-Einrichtungen beschäftigte Personen eine nennenswerte Rolle in ihrer Karrierebiographie.

Prüft man nun auf der Basis einer exakten Chronologie der Wechsel, von woher die Befragten unabhängig davon, wo sie zum Zeitpunkt der Befragung arbeiteten, zu einem bestimmten Arbeitsplatz wechseln, dann ändern sich die Ergebnisse teilweise (Tabelle 9). Die Spaltenprozente bleiben gleich, d. h. wir finden wieder das Ergebnis, dass am häufigsten ein Wechsel hin zu einer Universität bzw. einem Klinikum durchgeführt wurde. Es ändern sich jedoch die Zeilenprozente: mit Abstand am häufigsten ist eine Universität die Herkunftsinstitution, nämlich zu 61,8 %. Von einem Unternehmen wechselt man nur in 12,9 % der Fälle zu einer weiteren Einrichtung. Damit scheint es sich vor allem bei Stellen im Universitäts- bzw. Kliniksektor um Durchgangspositionen zu handeln.

Tabelle 9: Häufigkeit der Wechsel zwischen unterschiedlichen Institutionen auf der Basis der tatsächlichen Chronologie der Wechsel

Herkunftsinstitution[2]	Wechsel hin zu ...				GESAMT
	Unternehmen	Universitäten / Kliniken	außeruniversitär	Sonstige	% (N)
Unternehmen	9,6% (26)	2,2% (6)	0,4% (1)	0,7% (2)	**12,9% (35)**
Universitäten / Kliniken	11,8% (32)	32,0% (87)	16,5% (45)	1,5% (4)	**61,8% (168)**
außeruniversit.	4,0% (11)	9,2% (25)	8,1% (22)	0,4% (1)	**21,7% (59)**
Sonstige	1,1% (3)	1,8% (5)	0,7% (2)	-	3,7% (10)
GESAMT	26,5% (72)	45,2% (123)	25,7% (70)	2,6% (7)	272

[2] Herkunftsinstitution bezogen auf die tatsächlich vorangegangene Karrierestation

Entsprechend dieser Gesamtverteilung zeigt sich, dass der Wechsel von einer Universität hin zu einer anderen Universität bezogen auf alle Wechsel mit deutlichem Abstand am häufigsten vorkommt (32 %), gefolgt von Wechseln von einer Universität zu einer außeruniversitären FuE-Einrichtung sowie Wechseln von einer Universität an ein Unternehmen. Der intersektorale Wechsel innerhalb des Unternehmensbereichs kommt erst an vierter Stelle.

Eine mögliche Erklärung für den Verbleib im Universitätsbereich liefert ein Interviewpartner: Die Fokussierung auf den Universitätsbereich ist demnach weniger auf unterschiedliche Forschungsorientierungen bzw. Herangehensweisen zurückzuführen, sondern vielmehr dem Aufbau von Netzwerken und Fachgemeinschaften geschuldet. Diese seien für Stellenbesetzungen an den Universitäten prägend. Man müsse sich im Karriereverlauf eine entsprechende Struktur aufbauen, die „Luft werde immer enger", da seien die entsprechenden Kontakte wichtig. Diese würden bei einem Wechsel in den Unternehmenssektor jedoch in der Regel nicht aufrechterhalten: „Dies ist zwar möglich, aber selten", so der Interviewpartner.

C-2.1 Typische Karriereverläufe im Sample

Die umfangreichen Wechseldaten wurden auf typische Karriereverläufe hin ausgewertet. Dabei zeigt sich folgendes Bild: 74 % der befragten Forscherinnen und Forscher begannen ihre Karriere nach Studienabschluss mit einer Stelle an einer Universität, üblicherweise, um zu promovieren, 18 % nahmen eine Stelle in einer außeruniversitären FuE-Einrichtung an und 3 % gaben an, dass sie nach Studienabschluss zu einem Unternehmen gewechselt sind (Tabelle 10).

Von diesen 157 Personen nehmen 17 keine weiteren beruflichen Wechsel vor: 11 % derjenigen, deren erste Stelle an einer Universität war, 12 % derjenigen mit einer ersten Stelle an einer außeruniversitären Einrichtung und 25 % derjenigen, deren erste Stelle in einem Unternehmen war. Diese Personen wurden von uns für die weiteren Analysen als „immobil" klassifiziert, da sie nach dem Berufseintritt keine Wechsel mehr vorgenommen haben.

Tabelle 10:   Mobilitätsmuster inklusive Berufseinsteigern

			Uni	FuE	Untern.	Andere
Befragte inkl. Berufseinsteiger (N = 157)			74%	18%	3%	5%
Immobile	davon	kein Wechsel	11%	12%	25%	43%
Echte Wechsler		Wechsel	89%	88%	75%	57%
Mob. 1	zur Uni		60%	41%	33%	50%
	davon	kein Wechsel	29%	0%	100%	0%
		Wechsel	71%	100%	0%	100%
	Mob.2	zur Uni	48%	33%	-	-
		zu FuE	25%	44%	-	-
		zu Unt.	20%	22%	-	50%
		zu and.	8%	-	-	50%
Mob. 1	zu FuE		23%	36%	-	25%
	davon	kein Wechsel	24%	25%	-	100%
		Wechsel	76%	75%	-	0%
	Mob.2	zur Uni	56%	33%	-	-
		zu FuE	13%	67%	-	-
		zu Unt.	25%	-	-	-
		zu and.	6%	-	-	-
Mob. 1	zu Untern.		17%	23%	67%	25%
	davon	kein Wechsel	63%	40%	50%	0%
		Wechsel	38%	60%	50%	100%
	Mob.2	zur Uni	17%	67%	-	-
		zu FuE	-	-	-	-
		zu Unt.	83%	33%	100%	-
		zu and.	-	-	0%	100%

Die Analyse basiert auf 157 Beobachtungen, bei denen die zeitliche Abfolge der Arbeitsplätze identifizierbar war. Sie zeigt die ersten 2 Mobilitätsschritte in der beruflichen Biographie. INTRA-Sektorale Mobilität ist in Kästchen (1. Schritt) bzw. fett markiert (2. Schritt).

Bezogen auf den ersten Mobilitätsschritt, d. h. den Schritt nach Abschluss der Promotion, beobachten wir eine klare Neigung zu intrasektoralen Wechseln: Von den Personen, die an einer Universität promoviert haben, entscheiden sich 60 % unmittelbar danach für eine weitere Berufsphase im Universitätssektor. Nur 17 % gehen zu diesem Zeitpunkt in den Unternehmenssektor und 23 % wechseln zu außeruniversitären Forschungseinrichtungen.

Interessant ist hier die Bleiberate, die nicht nur an den Universitäten sehr hoch ist. Von den wenigen Doktoranden, die im Rahmen einer Unternehmensanstellung promoviert haben, bleiben ebenfalls die meisten (67 %) dem Unternehmenssektor erhalten. Anders sieht es bei den außeruniversitären Forschungseinrichtungen aus, die mit 36 % die geringste Bleiberate aufweisen. Dies bedeutet, dass in unserem Sample eine vermutete Normalkarriere, die von einer Promotion im universitären Umfeld und anschließendem Wechsel in die Wirtschaft ausgeht, nur bei den Instituten der außeruniversitären Forschung beobachtet werden kann.

Generell bedeutet das beobachtete Muster, dass in der Lebensphase, in der ein Wechsel am ehesten möglich wäre, die Bleiberate sehr hoch ist. Dies kann unterschiedliche Gründe haben, mit der frühen Entscheidung für eine bestimmte Karriere zusammenhängen, individuelle Opportunitäten widerspiegeln oder die Verpflichtung von Doktoranden ihren ersten Arbeitgebern gegenüber ausdrücken.

Beim zweiten Mobilitätsschritt ändert sich das Muster: Von denjenigen, die bis dahin im Universitätssektor tätig waren, verbleiben nur noch 48 % dort; 100 % wechseln den Unternehmenssektor nicht mehr und 67 % derer, die im außeruniversitären Bereich arbeiteten, bleiben nun auch dort.

Aufgrund der Gesamtverteilung in unserem Sample, wonach die meisten Fälle auf Wechsel innerhalb des Universitätssektors entfallen, zeigt sich bei einer aggregierten Betrachtung, dass sich die intrasektorale Mobilitätsneigung zunächst, d. h. beim Übergang vom ersten zum zweiten Mobilitätsschritt, abschwächt, um dann jedoch wieder anzusteigen (Tabelle 11). Beim zweiten Wechsel ist die Neigung zur sektorübergreifenden Tätigkeitsaufnahme am größten.

Tabelle 11:   Intra- versus intersektorale Mobilität

	Wechsel 1	Wechsel 2	Wechsel 3	Wechsel 4
INTRA-sektoral	54%	41%*	48%	56%
INTER-sektoral	46%	**59%***	52%	44%

* Zeigt eine signifikante Verringerung (10 %-Niveau verglichen mit dem 1. Wechsel).

Diese Ergebnisse bedeuten, dass zum Zeitpunkt des zweiten Mobilitätsschritts, der für die einzelnen Forscher durchaus zu unterschiedlichen Zeiten kommt, viele Wissenschaftler aus der Universität ausscheiden und in andere Bereiche wechseln. Hier kann man von einem Wissenstransfer in andere Sektoren ausgehen, wenngleich nicht ausgeschlossen ist, dass einige dieser Wechsel durch mangelnde Karriereaussichten an der Uni verursacht wurden und es sich dabei um einen nicht ganz freiwilligen Transfer handelt. Aus der Wirtschaft fließt dagegen kein Know-how mehr zurück in den akademischen Bereich. Dieses Ergebnis lässt zwei Interpretationen zu: Zum einen bedeutet es, dass Forscher keine Möglichkeit oder keinen Anreiz haben, wieder zurück in den universitären Bereich zu gehen, nachdem sie sich im Unternehmensumfeld etabliert haben. Zum anderen trägt die hohe Zahl der Beobachtung Rechnung, dass viele Uni-Angestellte erst am Ende ihrer Forscherkarriere zu Unternehmen wechseln und dann dort bleiben. Diese Forscher haben davor möglicherweise bis zu fünf Wechsel innerhalb des akademischen Umfeldes vorgenommen.

C-2.2 Dauer des Aufenthalts und Anzahl der Wechsel

Neben der Nennung der Zieleinrichtung wurden die Befragten darum gebeten, anzugeben, wie lange sie an der jeweiligen Institution gearbeitet haben. Für diese Frage sind insgesamt 270 gültige Angaben vorhanden. Der am häufigsten vorkommende Wert beträgt zwei Jahre (14,3 %, dies entspricht 39 Wechseln), der Mittelwert beträgt 6 Jahre und der Median 4 Jahre. Auch ein Aufenthalt von einem Jahr (13,6 %) bzw. 4 Jahren (11 %) ist vergleichsweise häufig anzutreffen. Die Spannbreite reicht von einem halben Jahr bis zu 32 Jahren. In ca. 3 % der Fälle waren die Befragten 20 Jahre und mehr an der jeweiligen Stelle.

Wie lange dauert der durchschnittliche Aufenthalt in Abhängigkeit von der Stelle, zu der hingewechselt wurde? Der Aufenthalt in einem Unternehmen hat durchschnittlich am längsten gedauert (6,8 Jahre), auch in außeruniversitären FuE-Einrichtungen blieben die Befragten vergleichsweise lange Zeit (6,6 Jahre). Der Aufenthalt an einer Universität dauert vergleichsweise kurz (Tabelle 12).

Tabelle 12:   Durchschnittliche Aufenthaltsdauer am Zielort

Wechsel hin zu ...	Mittelwert (Jahre)	N	Standardabweichung
Unternehmen	6,77	71	6,21
Universität / Klinikum	5,44	122	5.03
FuE-Einrichtung	6,62	70	5,68
Sonstige	3,29	7	2,62
GESAMT	6,04	270	5,52

Es entsteht damit der Eindruck, dass es sich bei Unternehmen im Regelfall um Dauerstellen handelt, die längere Zeit besetzt werden können, als dies bei den in der Qualifizierungsphase üblicherweise befristeten Universitätsstellen der Fall ist.
Gibt es in Abhängigkeit der Zielinstitution auch eine bestimmte typische Wechselhäufigkeit? Diese Frage wird in der folgenden Tabelle beantwortet: Insgesamt wei-

sen die Befragten am häufigsten drei Wechsel auf (32 % aller Beobachtungen), ohne den Berufseintritt, der, wie oben beschrieben wurde, aus den hier vorgelegten Analysen ausgeklammert wurde. Am zweithäufigsten sind zwei Wechsel (23,5 %).

Bezogen auf die einzelnen Zielinstitutionen fällt Folgendes auf: Befragte mit der Zielstation „Unternehmen" weisen überdurchschnittlich häufig nur einen Wechsel auf: 18,1 % aller Wechsel zum Unternehmenssektor enden nach einer Station, im Gegensatz beispielsweise zum außeruniversitären Bereich, wobei nur in 11,4 % aller Fälle lediglich ein Wechsel stattfand (Tabelle 13). Drei verschiedene Wechsel scheinen jedoch für diejenigen Forscherinnen und Forscher typisch zu sein, deren Zielinstitution eine außeruniversitäre FuE-Einrichtung ist. Für die Befragten mit Zielinstitution „Universität" gilt, dass dort sowohl zwei als auch vier Wechsel überdurchschnittlich häufig vorkommen. Diese Ergebnisse unterstützen die Vermutung, dass es sich Unternehmensstellen häufig um Dauerstellen handelt.

Tabelle 13: Häufigkeit der Wechsel in Abhängigkeit des Zielortes

Häufigkeit der Wechsel	Wechsel hin zu ...			
	Unternehmen	Universität	außeruniv.	GESAMT
Drei Wechsel	33,3% (24)	28,5% (35)	40,0% (28)	**32,0% (64)**
Zwei Wechsel	19,4% (14)	28,5% (35)	20,0% (14)	**23,5% (64)**
Vier Wechsel	12,5% (9)	20,3% (25)	14,3% (10)	16,5% (45)
Ein Wechsel	**18,1% (13)**	15,4% (19)	**11,4% (8)**	14,7% (40)
Fünf Wechsel	8,3% (6)	7,3% (9)	14,3% (10)	11,0% (30)
Sechs Wechsel	8,3% (6)	-	-	2,2% (6)
GESAMT	26,5% (72)	45,2% (123)	25,7% (70)	272

Im Folgenden wird dargestellt, durch welche Merkmale die Auswahl einer bestimmten beruflichen Karrierestation gekennzeichnet ist, unabhängig davon, wo sich die Befragten zuvor in ihrem Karriereverlauf befunden haben. Aus Gründen der besseren Übersichtlichkeit werden die 7 Wechsel hin zu einer „sonstigen" Einrichtung im Folgenden nicht mehr ausgewiesen.

Betrachtet man die Entscheidung für ein bestimmte Zielinstitution in Abhängigkeit von soziodemographischer Variablen wie Geschlecht oder beruflicher Status, so geben unsere Ergebnisse Hinweise darauf, dass Frauen vergleichsweise häufig ein Unternehmen als Karrierestation auswählen - dort ist ihr Anteil bezogen auf ihren Gesamtanteil an allen Befragten höher (11,1 % gegenüber 8,8 %) -, während die befragten Männer primär im Universitätssektor anzutreffen sind. Hier muss jedoch die geringe Fallzahl von Frauen im Sample beachtet werden.

Unsere Zahlen zeigen eindeutig, dass die Professor/-innen nur in seltenen Fällen (10 von 91 beschriebenen Wechseln) im Verlauf ihrer beruflichen Karriere Erfahrungen im Unternehmenssektor gemacht haben. Dies gilt noch ausgeprägter für die Privatdozentinnen und Privatdozenten. In unserem Sample wählen annähernd ausschließlich die promovierten Befragten in nennenswertem Ausmaß eine Unternehmensstation in ihrem Karriereverlauf (Tabelle 14).

Tabelle 14: Zielortauswahl und sozio-ökonomischer Status

Merkmal	Wechsel hin zu ...			
	Unternehmen	Universität / Klinik	außerunivers.	GESAMT
Geschlecht				272
Männer	88,9% (64)	93,5% (115)	91,4% (64)	91,2% (248)
Frauen	**11,1% (8)**	6,5% (8)	8,6% (6)	8,8% (24)
Beruflicher Status				272
Professoren	13,9% (10)	43,9% (54)	35,7% (25)	33,5% (91)
Privatdozenten	5,6% (4)	14,6% (18)	8,6% (6)	11,0% (30)
Promovierte	**80,6% (58)**	41,5% (51)	55,7% (39)	55,5% (151)
GESAMT	26,5% (72)	45,2% (123)	25,7% (70)	272

Eine weitergehende Auswertung unserer Daten zeigt, dass das typische Karrieremuster in unserem Sample aus einer Promotion an einer Universität und einer weiteren Beschäftigung in diesem Sektor besteht: Die Mehrzahl der von den promovierten Befragten beschriebenen Wechsel nach dem Berufseintritt endet im Universitätssektor (in 73 der insgesamt vorliegenden 151 Fälle für die promovierten Befragten, dies entspricht 48 %). Nur 51,7 % der Wechsel (Anzahl 78) führen weiter und von diesen entfallen dann 37 (dies entspricht 47 %) auf den Unternehmenssektor.

Ein weiteres, weniger häufigeres Muster besteht aus der Promotion an einer Universität und dem anschließenden Wechsel zu einem Unternehmen. Diesen Verlauf nahmen in unserem Sample 37 von 151 „Fällen", d. h. 24,5 % aller von den promovierten Befragten beschriebenen Wechseln (siehe auch Abschnitt 2.1 Typische Karriereverläufe im Sample).

C-2.3 Ortswechsel und Wechsel ins Ausland

Uns hat für unsere Analysen des Weiteren interessiert, ob mit den beruflichen Wechseln auch ein Ortswechsel verbunden war. In einigen (wenn auch nicht allen) Fällen war zudem die Feststellung möglich, ob ein Ortswechsel ins Ausland stattfand. Die Analyse zeigt, dass der überwiegende Teil der Wechsel (64,3 %) mit einem Ortswechsel verbunden war (Tabelle 15). Zwischen den einzelnen Zielsektoren bestehen nur geringe Unterschiede. Wechsel zu Institutionen der außeruniversitären Forschung waren mit 61,4 % vergleichsweise selten mit einem Ortswechsel verbunden.

Tabelle 15: Ortswechsel sowie Wechsel ins Ausland in Abhängigkeit des Zielorts

Räuml. Mobilität[1]	Wechsel hin zu …			
	Unternehmen	Universität	außerunivers.	GESAMT
Ortswechsel	65,3% (47)	66,7% (82)	61,4% (43)	64,3% (175)
Wechsel Ausland	6,9% (5)	26,0% (32)	11,4% (8)	16,5% (45)

[1] In der Tabelle ist dargestellt, ob ein Ortswechsel bzw. Wechsel ins Ausland überhaupt stattfand, die restlichen Angaben entfallen auf die Antwort „Nein" bzw. fehlende Angaben; daher ist die Ausweisung der Gesamtanzahl von Karrierestationen (272) hier nicht sinnvoll.

Anders sieht es bei der Frage aus, ob ein Auslandsaufenthalt mit der jeweiligen Karrierestation verbunden war: War dies der Fall, dann lag als Zielinstitution mehrheitlich eine Universität vor.

C-2.4 Intra- und intersektorale Wechsel

Bei der Beschreibung typischer Karriereverläufe in unserem Sample in Abschnitt 2.1 wurde deutlich, dass die meisten Wechsel innerhalb der Sektoren stattfinden (intrasektorale Mobilität) und dass die Wahrscheinlichkeit eines Wechsels des Sektors (intersektorale Mobilität) im zweiten Mobilitätsschritt steigt. Die Unterscheidung zwischen intra- und intersektoralen Wechseln kann mit weiteren Merkmalen kombiniert werden.

Von den insgesamt 272 „echten" Wechseln wurden 135 intrasektoral und 137 intersektoral durchgeführt. Damit liegt der Anteil der intersektoralen Wechsel geringfügig höher als der Anteil der intrasektroalen Wechsel (50,4 % versus 49,6 %). Welche Befragten weisen nun typischerweise welches Wechselverhalten auf? Hierüber gibt Tabelle 16 Aufschluss:

Tabelle 16: Intra- und intersektorale Wechsel nach sozio-ökonomischem Status

Merkmal	INTER-sektoraler Wechsel	INTRA-sektoraler Wechsel	GESAMT
Gender			272
Männer	49,2% (122)	50,8% (126)	91,2% (248)
Frauen	**62,5% (15)**	37,5% (9)	8,8% (24)
Herkunftsinstitution			272
Unternehmensbereich	**57,6% (49)**	42,4% (36)	31,3% (85)
Universitäts-/Klinikbereich	46,7% (43)	53,3% (49)	33,8% (92)
außeruniversitärer Bereich	47,7% (45)	52,6% (50)	34,9% (95)
Beruflicher Status			272
Promovierte	**54,3% (82)**	45,7% (69)	55,5% (151)
Privatdozenten	43,3% (13)	56,7% (17)	11,0% (30)
Professoren	46,2% (42)	53,8% (49)	33,5% (91)
GESAMT	50,4% (137)	49,6% (135)	272

Die deutlichsten Unterschiede treten mit Bezug auf die Merkmalsdimension GENDER auf: Während bei den Frauen intersektorale Wechsel überwiegen – 62,5 % aller von Frauen durchgeführten Wechsel werden sektorenübergreifend vollzogen -, zeigt sich bei den befragten Männern ein relativ ausgewogenes Bild. Männer wechseln in etwa gleich häufig intra- und intersektoral.

Außerdem zeigt sich, dass die Befragten, die zum Zeitpunkt der Befragung im Unternehmenssektor tätig waren, eine im Vergleich zum Gesamtdurchschnitt höhere Neigung zu intersektoralen Wechseln haben: 58 % der Personen, die zum Zeitpunkt der Befragung im Unternehmenssektor tätig waren, berichteten intersektorale Wechsel im Gegensatz zu 42 % intrasektoral vorgenommenen Wechseln. Ebenfalls häufiger werden intersektorale Wechsel von Befragten berichtet, deren höchster beruflicher Abschluss zum Zeitpunkt der Befragung die Promotion war.

Insgesamt betrachtet fällt auf, dass intrasektorale Wechsel häufiger mit einem Aufenthalt im Ausland verknüpft waren als intersektorale Wechsel, auch wenn insgesamt nur in wenigen Fällen eine Validierung des Wechsels ins Ausland möglich war (Tabelle 17). Dieser Effekt ist maßgeblich darauf zurückzuführen, dass intrasektorale Wechsel primär innerhalb des Universitätsbereichs stattfinden.

Tabelle 17: Ortswechsel bei intra- und intersektoralen Wechseln

Merkmal	INTER-sektoraler Wechsel	INTRA-sektoraler Wechsel	GESAMT
Räumliche Mobilität[1]			
Ortswechsel	61,3% (84)	67,4% (91)	64,3% (175)
Wechsel ins Ausland	8,8% (12)	24,4% (33)	16,5% (45)

[1] Die Angabe von Gesamt-Fallzahlen ist bei der räumlichen Mobilität nicht sinnvoll, da hier nur Ja-Antworten berücksichtigt wurden, nicht jedoch „Nein" bzw. „fehlende Angaben".

Im Hinblick auf die Wechselhäufigkeit ergeben sich kaum Unterschiede zwischen intra- und intersektoralen Wechseln: Zwar befinden sich die ausgeprägten Mehrfachwechsler in der Gruppe der intrasektoralen Wechsler, dies sollte jedoch aufgrund der niedrigen Fallzahl nicht überbewertet werden (Tabelle 18).

Tabelle 18: Häufigkeit der Wechsel bei intra- und intersektoralen Wechseln

Häufigkeit der Wechsel	INTER-sektoraler Wechsel	INTRA-sektoraler Wechsel	GESAMT
Drei Wechsel	33,6% (46)	30,4% (41)	32,0% (64)
Zwei Wechsel	21,9% (30)	25,2% (34)	23,5% (64)
Vier Wechsel	16,1% (22)	17,0% /23)	16,5% (45)
Ein Wechsel	13,9% (19)	15,6% (21)	14,7% (40)
Fünf Wechsel	13,9% (19)	8,1% (11)	11,0% (30)
Sechs Wechsel	0,7% (1)	3,7% (5)	2,2% (6)
GESAMT	50,4% (137)	49,6% (135)	272

Obwohl in unserer Befragung relativ viele Personen Erfahrungen in verschiedenen Sektoren gemacht haben, ist die Einschätzung weit verbreitet, dass das deutsche FuE-System allgemein nicht sehr durchlässig ist. Ein Interviewpartner äußerte sich hierzu folgendermaßen: „Die Durchlässigkeit in Deutschland ist eher gering, insbesondere der Wechsel zurück in das Universitätssystem ist schwierig. In Einzelfällen gelingt dies zwar, wie ich von Kollegen weiß, die zwischenzeitlich Unternehmenserfahrung gemacht haben, aber generell ist das sehr schwierig. Dies hat meiner Meinung nach folgende Gründe: 1. ist die Konkurrenz im Universitätsbereich sehr groß, andere ziehen in der Zeit, in der man woanders arbeitet, an einem vorbei, 2. findet die Arbeit außerhalb der Akademie keine Anerkennung, d. h. es bringt nichts für die Universitätskarriere, es handelt sich um „verlorene Zeit", und 3. verliert man die entsprechenden Kontakte".

Als weitere Erschwernisse für intersektorale Wechsel wurden in den Interviews genannt: Neid von Seiten der Universitätsforscher, dass andere Institutionen besser ausgestattet sind sowie schlechtes Ansehen der Industrieforschung im Bereich der öffentlichen Forschung.

C-3 Motive für den Wechsel

Im Folgenden untersuchen wir, welche Motive einem Wechsel hin zu einer bestimmten Zielinstitution zugrunde lagen, differenziert nach Unternehmen, Universitäten und außeruniversitären FuE-Einrichtungen („*Was waren damals die jeweiligen Hauptgründe für die Entscheidung, dort zu arbeiten?*"). Die in Tabelle 19 aufgeführten Variablen sind nach ihrer Gesamtbedeutung sortiert. Danach sind vor allem drei Motive für die Annahme einer Stelle bedeutsam: (1) das Vorliegen eines attraktiven Stellenangebotes (55,1 %), (2) die Herausforderung, etwas Neues zu lernen (48,9 %) und (3) die neue Stelle als Sprungbrett für die weitere Karriere (43 %). Alle drei Faktoren können als Pull-Faktoren bezeichnet werden (siehe Abschnitt 2.11).

Tabelle 19: Wechselmotive in Abhängigkeit des Zielortes

Wechselmotiv	Wechsel hin zu ...			
	Unternehmen	Universität/ Uniklinik	außeruniv.	GESAMT
Attraktives Stellenangebot	56,9% (41)	50,4% (62)	65,7% (46)	55,1% (150)
Herausforderung, etwas Neues zu lernen	50,0% (36)	52,8% (65)	41,4% (29)	48,5% (132)
Wechsel als Sprungbrett für weitere Karriere	29,2% (21)	48,8% (60)	50,0% (35)	43,0% (117)
Wunsch, Wissen in die Anwendung zu bringen	45,8% (33)	17,9% (22)	10,0% (7)	23,2% (63)
Aussicht auf bessere Bezahlung	33,3% (24)	13,0% (16)	11,4% (8)	18,0% (49)
Befristung der vorherigen Stelle	13,9% (10)	15,4% (19)	21,4% (15)	16,2% (44)
Private / familiäre Gründe	8,3% (6)	7,3% (9)	10,0% (7)	9,2% (25)
Keine Stelle in bisheriger Einrichtung verfügbar	8,3% (6)	8,1% (10)	11,4% (8)	8,8% (24)
Unzufriedenheit mit bisheriger Art der Forschung	12,5% (9)	7,3% (9)	4,3% (3)	8,5% (23)
Sonstiges	12,5% (9)	5,7% (7)	1,4% (1)	7,0% (19)
Zufall, war nicht geplant	2,8% (2)	4,1% (5)	4,3% (3)	4,0% (11)

Wechselmotiv	Wechsel hin zu ...			
	Unternehmen	Universität/ Uniklinik	außeruniv.	GESAMT
GESAMT	26,5% (72)	45,2% (123)	45,2% (123)	272

Mehrfachnennungen möglich (Nennungen sortiert nach Gesamthäufigkeit).

Es kann außerdem festgehalten werden, dass Push-Faktoren wie die Unzufriedenheit mit der bisherigen Tätigkeit oder der Umstand, dass keine Stelle mehr an der bisherigen Institution verfügbar waren, vergleichsweise wenig Bedeutung hatten. Lediglich der Grund „Befristung der vorherigen Stelle" weist einen Anteil von mehr als 10 % an den Gesamtmotiven auf.

Betrachtet man die einzelnen Zielsektoren, so wird Folgendes deutlich: Die Annahme einer Arbeitsstelle im Unternehmenssektor ist in erster Linie durch drei Faktoren geprägt: Dem Vorliegen eines attraktiven Stellenangebotes, der Herausforderung, etwas Neues zu lernen sowie - und dies stellt eine Besonderheit im Vergleich der Zielsektoren dar - dem Wunsch, das gelernte Wissen zur Anwendung zu bringen. Es scheint also hier tatsächlich ein Wechsel in der Art der Tätigkeit intendiert zu werden, der in Form einer anwendungsorientierten Tätigkeit angestrebt wird. Überdurchschnittlich bedeutsam ist für den Unternehmenssektor mit einem Drittel aller Nennungen auch die Aussicht auf eine bessere Bezahlung. Demgegenüber scheint die Wirkung einer Unternehmensstelle als Karrieresprungbrett eher unterdurchschnittlich von Bedeutung zu sein.

Für diejenigen Befragten, deren Karrierestation eine Universität war, ist das Motiv, etwas Neues zu lernen, prägend, gefolgt vom Vorliegen eines attraktiven Stellenangebotes sowie der Intention, den Wechsel als Sprungbrett für die eigene Karriere zu nutzen.

Letztgenanntes Motiv ist auch für die Aufnahme einer Tätigkeit an einer außeruniversitären FuE-Einrichtung sehr wichtig, doch ist letztendlich dort entscheidend, dass ein attraktives Stellenangebot vorlag: für zwei Drittel der Karrierestationen an einer außeruniversitären Einrichtung gilt, dass die Aufnahme einer Tätigkeit dort durch ein solches Angebot geprägt war. Außerdem besteht ein weiteres relativ häufig genanntes Motiv, dorthin zu wechseln, darin, dass die vorherige Stelle befristet war. „Attraktivität" bedeutet danach vermutlich, dass Perspektiven im Sinne einer unbefristeten Stelle oder zumindest einer längerfristigen Anstellung vorhanden waren.

Betrachtet man die Motive entsprechend der exakten Wechsel, die hier aus Platzgründen nicht im Detail dargestellt werden, so wird Folgendes deutlich. Das erste der „Top-3"-Motive, das Vorliegen eines attraktiven Stellenangebots ist das Hauptmotiv für Wechsel von einer Universität zu einer FuE-Einrichtung (83 %), von einer FuE-Einrichtung zu einem Unternehmen (82 %) sowie für Wechsel von einer Universität zu einem Unternehmen (72 %). Die Rekrutierungsmechanismen für die Universitäten – aufwändige Berufungsverfahren mit oftmals ungewissem Ausgang - scheinen auch in unserer Befragung ihren Niederschlag gefunden zu haben: Bei Wechseln in den Universitätssektor wurde vergleichsweise selten davon gesprochen, dass ein attraktives Stellenangebot vorlag.

Die Herausforderung, etwas Neues zu tun, ist ganz besonders häufig bei Wechseln von einer Universität zu einem Unternehmen anzutreffen (59 %), aber auch bei Wechseln innerhalb des universitären Sektors (55 %). Die Nutzung des Wechsels als Karrieresprungbrett kommt besonders häufig bei inneruniversitären Wechsels vor (52 %), gefolgt von Wechseln innerhalb des FuE-Sektors (50 %) sowie Wechseln zwischen Universitäten und FuE-Einrichtungen (49 %). Die Bezahlung spielt erwartungsgemäß vor allem dann eine Rolle, wenn die Befragten von einer Universität zu einem Unternehmen wechseln (44 %).

Push-Faktoren wie „keine Stelle mehr" oder „Befristung der vorherigen Stelle" spielen vor allem innerhalb des FuE-Sektors eine Rolle (22,7 % bzw. 32 %). Explizite Unzufriedenheit mit der bisherigen Stelle ist vor allem bei Wechseln vom Unternehmenssektor zurück in die universitäre bzw. außeruniversitäre Forschung zu finden (33 % (2 Fälle) bzw. 100 % (1 Fall)), hier liegen jedoch nur sehr niedrige Fallzahlen vor.

Bei der Unterscheidung zwischen intra- und intersektoralen Wechseln zeigt sich, dass intersektorale Wechsel insbesondere dann stattfinden, wenn ein attraktives Stellenangebot vorliegt (62 %) sowie – bereits mit deutlichem Abstand – motiviert durch die Herausforderung, etwas Neues zu lernen (47 %).

Für die intrasektoralen Wechsel, die, wie oben gezeigt wurde, maßgeblich auf die Wechsel von einer Universität zu einer anderen zurückgeführt werden können, sind drei Motivbündel etwa gleichbedeutend: (1) der Wechsel als Sprungbrett für die Karriere gleichauf mit (2) der Herausforderung, etwas Neues zu lernen (jeweils ca. 50 %), sowie (3) mit 48,1 % aller Nennungen das Vorliegen eines attraktiven Stellenangebotes (Tabelle 20).

Tabelle 20: Wechselmotive bei intra- und intersektoralen Wechseln

Motiv	INTER-sektoraler Wechsel	INTRA-sektoraler Wechsel	GESAMT
Attraktives Stellenangebot	62,0% (85)	48,1% (65)	55,1% (150)
Wechsel als Sprungbrett für weitere Karriere	36,5% (50)	49,6% (67)	43,0% (117)
Herausforderung, etwas Neues zu lernen	47,4% (65)	49,6% (67)	48,5% (132)
Wunsch, Wissen in die Anwendung zu bringen	26,3% (36)	20,0% (27)	23,2% (63)
Aussicht auf bessere Bezahlung	18,2% (25)	17,8% (24)	18,0% (49)
Befristung der vorherigen Stelle	19,0% (26)	13,3% (18)	16,2% (44)
Private / familiäre Gründe	8,0% (11)	10,4% (14)	9,2% (25)
Keine Stelle in bisheriger Einrichtung verfügbar	6,6% (9)	11,1% (15)	8,8% (24)
Unzufriedenheit mit bisheriger Art der Forschung	11,7% (16)	5,2% (7)	8,5% (23)
Sonstiges	5,1% (7)	8,9% (12)	7,0% (19)
Zufall, war nicht geplant	5,1% (7)	3,0% (4)	4,0% (11)
GESAMT	50,4% (137)	49,6% (135)	272

Mehrfachnennungen möglich (Nennungen sortiert nach Gesamthäufigkeit).

Pushfaktoren wie die Befristung der vorherigen Stelle, die Unzufriedenheit mit dem bzw. Enttäuschung über die bisherige Art der Forschung sind bei intersektoralen Wechseln häufiger zu finden als bei intrasektoralen Wechseln.

Wir können damit auf der Basis der Befragungsergebnisse folgende Befunde zusammenfassen:

- Ein intrasektoraler Wechsel scheint sich eher positiv auf die Karriere auszuwirken als ein intersektoraler Wechsel.
- Intersektorale Wechsel werden stimuliert durch Stellenbefristungen, Unzufriedenheit mit der bisherigen Forschung sowie dem Wunsch nach Anwendung.

Ergänzend legen die Befunde aus den Interviews die Unterscheidung von zwei Wechseltypen nahe: Zum einen die „Wissenschafts- und Karriereorientierten", die sich primär an Themen ausrichten und gezielt solche Stellen und Institute auswählen, an denen sie ihre Interessens- und Tätigkeitsschwerpunkte weiter bearbeiten und entwickeln können sowie ihre wissenschaftliche Karriere weiterverfolgen können.

Zum anderen die „Getriebenen", deren Wechselmotivation sich aus einer unbefriedigenden Situation speist (befristete Stelle, schlechtes Betriebsklima). Die „Getriebenen" sind umgehend zu Wechseln bereit, wenn sich eine attraktive Gelegenheit ergibt, die aktuelle Position zu verlassen.

C-4 Informationsquellen

In der Befragung wurde erhoben, über welche Informationsquellen die Wissenschaftler auf die jeweilige Stelle aufmerksam wurden. Die Ergebnisse zeigt Tabelle 21.

Tabelle 21: Nutzung von Informationsquellen in Abhängigkeit des Zielsektors

Informationsquellen	Wechsel hin zu ...			
	Unternehmen	Universität	außeruniv.	GESAMT
Vermittlung bzw. Empfehlung durch Kollegen oder Vorgesetzte	31,9% (23)	42,3% (52)	45,7% (32)	**39,7% (108)**
Informelle Kontakte der Forschung (Konferenzen, Vorträge)	23,6% (17)	40,7% (50)	42,9% (30)	**36,0% (98)**
Zeitungsannoncen / Internet	**34,7% (25)**	21,1% (26)	17,1% (12)	23,2% (63)
Vorherige gemeinsame (FuE-) Projekte	**13,9% (10)**	5,7% (7)	5,7% (4)	8,8% (24)
Beratungs-/ Gutachtertätigkeit	2,8% (2)	-	2,9% (2)	1,5% (4)
GESAMT	26,5% (72)	45,2% (123)	45,2% (123)	272

Mehrfachnennungen möglich (Nennungen sortiert nach Gesamthäufigkeit).

Am wichtigsten sind die sozialen Netzwerke entweder in Form von Kollegen- bzw. Vorgesetztenempfehlungen (39,7 %) oder in Form informeller Forschungskontakte (36 %). Die beziehungsbasierten Informationskanäle sind dabei ganz besonders für die Erlangung einer Stelle in der außeruniversitären Forschung wichtig, während für den Unternehmenssektor zu immerhin einem Drittel zutrifft, dass die jeweilige Stelle durch Zeitungsannoncen bzw. das Internet entdeckt wurde. Für die Aufnahme einer Tätigkeit im Unternehmenssektor ist außerdem vergleichsweise bedeutend, dass zuvor gemeinsame FuE-Projekte durchgeführt wurden.

Der wichtigste Unterschied zwischen inter- und intrasektoralen Wechseln besteht im Hinblick auf die genutzten Informationsquellen darin, dass im Falle intersektoraler Wechsel fast dreimal so häufig vorherige gemeinsame FuE-Projekte angegeben wurden. Für intrasektorale Wechsel sind dagegen beziehungsbasierte Informationsquellen bedeutsamer (Tabelle 22).

Tabelle 22: Genutzte Informationsquellen bei inter- und intrasektoralen Wechseln

Informationsquellen	INTER-sekt-oraler Wechsel	INTRA-sekt-oraler Wechsel	GESAMT
Vermittlung bzw. Empfehlung durch Kollegen oder Vorgesetze	37,2% (51)	42,2% (108)	39,7% (108)
Informelle Kontakte der Forschung (Konferenzen, Vorträge)	35,8% (49)	36,3% (49)	36,0% (98)
Zeitungsannoncen / Internet	21,9% (30)	24,2% (33)	23,2% (63)
Vorherige gemeinsame (FuE-) Projekte	**13,1% (18)**	4,4% (6)	8,8% (24)
Beratungs-/ Gutachtertätigkeit	2,2% (3)	0,7% (1)	1,5% (4)
GESAMT	50,4% (137)	49,6% (135)	272

Mehrfachnennungen möglich (Nennungen sortiert nach Gesamthäufigkeit).

C-5 Mobilitätsdeterminanten

Neben der allgemeinen Analyse von Motiven für den Wechsel ermöglichen unsere Daten eine Berechnung von Mobilitätsdeterminanten, d. h. von Faktoren, die einen entscheidenden Einfluss auf das konkrete Wechselverhalten haben. Hierfür müssen folgende Variablen erstellt werden: ein allgemeiner Mobilitätsindikator als Neigung, den Arbeitsplatz zu wechseln, operationalisiert als Anzahl unterschiedlicher Arbeitgeber pro Dekade Lebenszeit (*MobProp*). Man kann annehmen, dass die vorherige Erfahrung mit intersektoraler Mobilität die Hürde senkt, zwischen einzelnen Typen von Organisationen zu wechseln (*InterExp*). Das erfolgreiche Verfolgen einer akademischen Karriere (*Prof*) wird ebenso wie eine Kontrollvariable für die Genderdimension (*Female*) in die Analyse einbezogen. Die Anzahl der Arbeitsplätze, die die Person vor dem Wechsel innehatte, wird durch die Variable *Step* angezeigt. Um die Einstellungen der Forscherinnen und Forscher gegenüber dem ausgewählten Arbeitsplatz zu charakterisieren, wird geprüft, ob diese Stelle als attraktiv wahrgenommen wird (*AttrPost*), ob sie als karriereförderlich eingeschätzt wird (*Career*), oder ob die finanzielle Verbesserung bei der Auswahl eine Rolle gespielt hat (*Remun*). Weitere einbezogene Motive für die Arbeitsplatzauswahl sind der Wunsch, das gelernte Wissen anzuwenden (*Applied*) und die Unzufriedenheit mit dem bisherigen Arbeitsplatz (*Dissatisf*). In die Analyse werden außerdem Indikatoren für den Sektor der vorherigen Beschäftigung einbezogen: *PrevPostF* für den Unternehmensbereich, *PrefPostR* für Forschungsorganisationen. Die Ergebnisse der Probit-Analyse im Überblick zeigt Tabelle 23.

Die Probit-Analyse macht deutlich, dass persönliche Eigenschaften eine entscheidende Rolle bei der Bestimmung der Wahrscheinlichkeit eines intrasektoralen Wechsels spielen: eine generell höhere Mobilitätsneigung erhöht auch die Wahrscheinlichkeit zu intrasektoraler Mobilität. (*MobProp*). Frauen scheinen weniger häufig eine Neigung zu intrasektoraler Mobilität zu haben als Männer. Außerdem beobachten wir eine starke Pfadabhängigkeit insofern, als eine vorherige intersektorale Mobilität die Neigung zu intrasektoralen Wechseln signifikant verringert (*InterExp*). Diese Beobachtungen gelten sowohl für die allgemeine Analyse als auch für diejenige der Universitätsangehörigen.

Hauptfaktor, um intrasektorale Mobilität zu reduzieren, ist die Attraktivität der Stelle (*AttrPost*), und zwar gesamt und bezogen auf den Universitätssektor. Allgemein betrachtet führt Unzufriedenheit mit dem vorherigen Arbeitsplatz zu intersektoraler Mobilität (*Dissatisf*). Auch der vorherige Arbeitsplatz in einem Unternehmen zeigt einen stark positiven Einfluss auf die intersektorale Mobilität (*PrevPostF*). Unzufriedenheit scheint die Forscherinnen und Forscher dazu zu motivieren, über die bisherigen Grenzen hinaus zu schauen und ihren bisherigen Sektor zu verlassen. Beide Analysen zeigen zudem, dass langfristige Karrierepläne die sektoralen Mobilitätsmuster prägen. Die Einschätzung, ob eine Stelle der

Karriere förderlich ist (*Career*), hat einen signifikanten Einfluss auf die Entscheidung, innerhalb des Sektors zu verbleiben. Forscher, die eine erfolgreiche Karriere aufweisen *(Prof)* haben demzufolge eine höhere Tendenz zu intrauniversitärer Mobilität.

Tabelle 23: Determinanten der INTRA-sektoralen Mobilität

	GESAMT			Universitären		
	m.e.	std.err		m.e.	std.err.	
MobProp	0.046	0.023	**	0.054	0.029	*
Female	-0.226	0.117	*	-0.255	0.143	*
Prof	0.108	0.078		0.255	0.092	***
InterExp	-0.364	0.090	***	-0.353	0.114	***
Step	0.064	0.043		-0.027	0.057	
AttrPost	-0.222	0.070	***	-0.279	0.082	***
Career	0.115	0.068	*	0.126	0.084	
Remun	0.090	0.098		0.025	0.125	
Applied	-0.106	0.086		-0.087	0.102	
Dissatisf	-0.288	0.118	**	-0.096	0.188	
PrevPostF	0.460	0.076	***	-	-	
PrevPostU	0.113	0.088		-	-	
Anzahl Fälle		257			167	
Wald Chi²		46.29	***		29.55	***
Pseudo R²		0.139			0.129	

Hinweis: Der Berufseintritt wird ist hier nicht berücksichtigt, ebenso wenige alle „sonstigen" Organisationen, da zu niedrige Fallzahlen vorliegen.
[1] INTRA-sektorale Mobilität für diejenigen Fälle, wo der vorherige Arbeitsplatz eine Universität war.
*** (**, *) bedeutet signifikant auf 1 % (5 %, 10 %) Niveau. Die Tabelle zeigt die marginalen Effekte, nicht geschätzte Koeffizienten.

C-6 Wirkungen der Mobilität

Um die Auswirkungen der jeweiligen Wechsel zu erfassen, wurden drei Fragen gestellt:

- *"Wie hat sich der jeweilige Wechsel auf Ihre berufliche Laufbahn ausgewirkt?"* (Antwortvorgaben: Karrierefördernd, neutral bzw. keine Auswirkung, karrierehemmend) (Frage 13).
- *"Wie hat sich der jeweilige Wechsel auf Ihre Publikationsaktivität ausgewirkt?"* (Antwortvorgaben: Negativ, Neutral bzw. keine Auswirkung, positiv, trifft auf mich nicht zu (Frage 14).
- *"Wie hat sich der jeweilige Wechsel auf Ihre Patentaktivität ausgewirkt?"* (Antwortvorgaben: Negativ, Neutral bzw. keine Auswirkung, positiv, trifft auf mich nicht zu (Frage 15).

Darüber hinaus haben sich zwei Fragen der Wirkung des Wechsels auf die „Netzwerke" bzw. „Beziehungsgeflechte" gewidmet:

- *"Auswirkungen auf die Beziehungen zur jeweils letzten Einrichtung?"* (Antwortvorgaben waren: Die beruflichen Beziehungen sind „eingeschlafen", die Beziehungen sind im Großen und Ganzen erhalten geblieben, die Beziehungen wurden erweitert bzw. es haben sich neue gemeinsame Projekte ergeben und alte Einrichtung ohne Bezug zur neuen Tätigkeit.
- *"Veränderungen des fachlichen Netzwerkes durch den Wechsel"* (Antwortvorgaben waren: Mein Netzwerk ist thematisch vielfältiger geworden, mein Netzwerk ist nun interdisziplinärer ausgerichtet als vorher und mein Netzwerk hat sich stärker fokussiert auf mein Spezialgebiet).

C-6.1 Wirkungen der Mobilität auf die Karriere

Insgesamt ist hervorzuheben, dass die Mehrzahl der Wechsel als karrierefördernd eingestuft wurde (78,7 %), für lediglich 2,4 % aller Wechsel, dies entspricht 6 von 253 Fällen[1], wurde eine karrierehemmende Wirkung angegeben (Tabelle 24).

Tabelle 24: Wirkungen des Wechsels auf die berufliche Laufbahn

Wirkung auf Karriere	Wechsel hin zu ...			
	Unternehmen	Universität / Klinik	außeruniv.	GESAMT
Positiv	72,9% (51)	81,6% (93)	81,3% (52)	78,7% (199)
Neutral	25,7% (18)	15,8% (18)	15,6% (10)	19,0% (48)
Negativ	1,4% (1)	2,6% (3)	3,1% (2)	2,4% (6)
GESAMT	26,5% (72)	45,2% (123)	45,2% (123)	253

Auszuzahlen scheinen sich Wechsel vor allem, wenn diese innerhalb des Universitätssektors stattfinden, eine neutrale Wirkung wird vor allem dann konstatiert, wenn der Wechsel an ein Unternehmen stattfand.

Hinsichtlich der Wirkung auf die Karriere gibt es kaum nennenswerte Unterschiede zwischen intra- und intersektoralen Wechseln (Tabelle 25).

Tabelle 25: Wirkungen des Wechsels auf die berufliche Laufbahn bei inter- und intrasektoralen Wechseln

Karrierewirkung	INTER-sektoraler Wechsel	INTRA-sektoraler Wechsel	GESAMT
Positiv	78,3% (101)	79,0% (98)	78,7% (199)
Neutral	20,2% (26)	17,7% (22)	19,0% (48)
Negativ	1,6% (2)	3,2% (4)	2,4% (6)
GESAMT	51% (129)	49% (124)	253

---

[1] Der Rest entfällt auf fehlende Angaben bzw. „Trifft nicht zu"-Antworten.

C-6.2 Wirkung der Mobilität auf Publikations- und Patentaktivitäten

Eine wichtige Fragestellung im Projekt war, wie sich die berufliche Mobilität, und hier insbesondere intersektorale Wechsel, auf die Wissensproduktion auswirken. Um diese Frage zu beantworten, haben wir die Befragten um eine Einschätzung gebeten, wie sich die beruflichen Wechsel auf ihren jeweiligen Output, d. h. ihre Publikations- und Patentaktivitäten ausgewirkt haben.

Grundsätzlich stellte sich dabei heraus, dass sich berufliche Wechsel für Publikationsaktivitäten deutlich positiver ausgewirkt haben als für Patentaktivitäten. Auffallend sind die klaren Unterschiede in Abhängigkeit des Zielortes: Wie nicht anders zu erwarten, wirkt sich die Aufnahme einer Tätigkeit im Unternehmenssektor in der Regel negativ auf Publikationen, jedoch positiv auf Patentaktivitäten aus. Für Wechsel an eine Universität gilt dies umgekehrt (Tabelle 26).

Tabelle 26: Wirkungen des Wechsels auf die Publikations- und Patentaktivitäten

Publikationen und Patente	Wechsel hin zu ...			
	Unternehmen	Universität/ Klinik	außeruniv.	GESAMT
Publikationen				
Positiv	37,5% (27)	69,9% (86)	**78,6% (55)**	**63,2% (172)**
Neutral	18,1% (13)	17,9% (22)	12,9% (9)	16,2% (44)
Negativ	43,1% (31)	6,5% (8)	5,7% (4)	16,2% (44)
Trifft nicht zu	1,4% (1)	5,7% (7)	2,9% (2)	4,4% (12)
GESAMT	26,5% (72)	45,2% (123)	45,2% (123)	272
Patente				
Positiv	**41,7% (30)**	8,1% (10)	31,4% (22)	**23,2% (63)**
Neutral	43,1% (31)	82,9% (102)	55,7% (39)	64,3% (175)
Negativ	9,7% (7)	2,4% (3)	4,3% (3)	5,1% (14)
Trifft nicht zu	5,6% (4)	6,5% (8)	8,6% (6)	7,4% (20)
GESAMT	26,5% (72)	45,2% (123)	45,2% (123)	272

Auffallend sind die Ergebnisse für den außeruniversitären Sektor: Wenn dort eine Tätigkeit aufgenommen wird, so wirkt sich dies überdurchschnittlich positiv auf die

Publikationsaktivitäten aus – und zwar deutlicher ausgeprägt als bei einem Wechsel hin zu einer Universität -, und gleichzeitig gilt für ein knappes Drittel, dass sich auch die Patenaktivitäten durch den Wechsel in den außeruniversitären Sektor verbessert haben. In diesem Ergebnis spiegelt sich zweierlei wieder: Erstens die Verpflichtungen der Universitätsangehörigen in der Lehre und zweitens der Umstand, dass an den FuE-Einrichtungen am ehesten die notwendigen Rahmenbedingungen vorliegen, um sich intensiv sowohl Publikations- als auch Patentierungsaktivitäten zu widmen.

Bei einer Differenzierung nach inter- und intrasektoralen Wechseln zeigt sich, dass sich intrasektorale Wechsel häufiger positiv auf Publikationsaktivitäten auswirken als intersektorale Wechsel. Dies bedeutet, dass Wechsel innerhalb des gleichen Sektors produktiver sind als Wechsel zwischen den Sektoren, wenn man die Publikationshäufigkeit zum Maßstab nimmt. Dies gilt jedoch nicht für die Patente: Hier zeichnen sich deutlich die intersektoralen Wechsel als produktivitätssteigernd aus (Tabelle 27).

Tabelle 27: Wirkungen des Wechsels auf die Publikations- und Patentaktivitäten bei intra- und intersektoralen Wechseln

Publikationen und Patente	INTER-sektoraler Wechsel	INTRA-sektoraler Wechsel	GESAMT
Publikationen			
Positiv	59,9% (82)	66,7% (90)	63,2% (172)
Neutral	13,1% (18)	19,3% (26)	16,2% (44)
Negativ	23,4% (32)	8,9% (12)	16,2% (44)
Trifft nicht zu	3,6% (5)	5,2% (7)	4,4% (12)
Patente			
Positiv	29,9% (41)	16,3% (22)	23,2% (63)
Neutral	58,4% (80)	70,4% (95)	64,3% (175)
Negativ	5,8% (8)	4,4% (6)	5,1% (14)
Trifft nicht zu	5,8% (8)	8,9% (12)	7,4% (20)
GESAMT	50,4% (137)	49,6% (135)	272

Diese Befunde werden u. a. von Dietz und Bozeman (2005) unterstützt, die die Situation in den Vereinigten Staaten von Amerika untersuchten. In ihrer Auswertung von US-Publikations- und Patentdaten fanden sie Hinweise darauf, dass Wissenschaftler, die einem eher konventionellen Karriereverlauf folgen, d. h. nicht intersektoral wechseln, produktiver sind bei der Anzahl der Veröffentlichungen. Auch die Beobachtung, dass Wissenschaftler, die in die Wirtschaft gewechselt sind, häufiger Patente einreichen, bestätigen sie in ihrer Untersuchung. Prinzipiell bedeutet dies, dass es nicht einfach werden dürfte, Forscher zu motivieren, zeitlich begrenzt in die Wirtschaft zu wechseln. Denn es ist zu erwarten, dass ihre zurückgebliebenen Kollegen in der Zwischenzeit im Hinblick auf die Anzahl von Publikationen an ihnen vorbeiziehen. Und die Anzahl von Publikationen ist nach wie vor ein entscheidendes Kriterium für eine akademische Karriere. Nur bei der Patenttätigkeit können sie die intersektoralen Wechsler Vorteile versprechen.

Wie wirken sich die verschiedenen Motive für einen Wechsel auf die Publikations- und Patentaktivitäten aus? Dazu kontrollieren wir zunächst Faktoren wie die Neigung, den Arbeitsplatz zu wechseln *(MobProp)*, das Geschlecht und den höchsten akademischen Grad *(Prof)*. Dann kontrollieren die Phasen in der Beschäftigungsbiographie *(Step)* und die bisherige Erfahrung mit intersektoraler Mobilität *(InterExp)*. Schließlich werden Wechselmotive wie die allgemeine Attraktivität der Stelle *(AttrPost)*, die Bezahlung *(Remun)* und die Einschätzung der Förderlichkeit für die weitere Karriere *(Career)* in die Analyse einbezogen. Da wir annehmen, dass der Effekt auf Publikationen und Patente sowohl vom Sektor abhängt, von dem eine Person kommt, als auch vom Sektor, zu dem die Person wechselt, wurden 9 Dummy-Variablen eingefügt. Die Referenzkategorie ist die intrasektorale Mobilität innerhalb des Unternehmenssektors. Da ein Wechsel von einem Unternehmen zu einem Forschungsinstitut einen positiven Effekt auf Publikationen und keinen positiven Effekt auf Patente erwarten lässt, werden diese beiden Beobachtungen sowie die entsprechende Dummy-Variable aus den weiteren Analysen ausgeschlossen, so dass 7 Dummy-Variablen für Ziel- und Herkunftssektoren verbleiben.

Die Ergebnisse der Probit-Regression zeigen (Tabelle 28), dass sowohl die Attraktivität der Stelle als auch die wahrgenommene Bedeutung der Stelle als karriereförderlich mit positiven Publikationseffekten einhergeht. Wenn von einem finanziellen Anreiz, die Stelle zu wechseln, gesprochen wurde, reduziert sich dagegen die Wahrscheinlichkeit eines positiven Publikationseffekts um 18 %. Wir finden starke Publikationswirkungen für Wechsel innerhalb des Universitätssektors sowie für Wechsel von einer Universität zu einem Forschungsinstitut.

Tabelle 28: Motive für den Wechsel und ihre Auswirkungen auf Publikations- und Patentaktivitäten

	Positiv für Publikationen			Positiv für Patente		
	m.e.	std.err		m.e.	std.err.	
MobProp	-0.023	0.024		0.000	0.020	
Female	-0.230	0.147		-0.118	0.066	*
Prof	0.066	0.078		-0.091	0.057	
InterExp	0.006	0.104		-0.098	0.064	
Step	0.011	0.041		0.071	0.032	**
Firm – Univ.	0.132	0.191		-0.084	0.116	
Res.Inst. – Firm	-0.184	0.217		0.040	0.156	
Res.Inst – Res. Inst	0.181	0.120		-0.045	0.095	
Res.Inst – Univ.	0.072	0.142		-0.092	0.076	
Univ. – Firm	-0.057	0.166		0.015	0.113	
Univ. – Res.Inst.	0.285	0.101	***	-0.056	0.089	
Univ. – Univ.	0.241	0.126	*	-0.292	0.073	***
Career	0.217	0.066	***	0.106	0.056	*
AttrPost	0.258	0.073	***	0.029	0.059	
Remun	-0.182	0.101	*	0.060	0.080	
Anzahl Fälle.		243			243	
Wald Chi^2		61.26	***		49.19	***
Pseudo R^2		0.191			0.189	

*** (**, *) bedeutet signifikant auf 1 % (5 %, 10 %).Niveau.
Die Tabelle zeigt die marginalen Effekte, nicht geschätzte Koeffizienten.

Die Effekte auf die Patentanmeldungen sind stark beeinflusst durch das Geschlecht, d. h. Frauen melden weniger Patente an als Männer. Außerdem spielt die Karrierephase der Forscherinnen und Forscher eine große Rolle: positive Patentwirkungen finden eher in den frühen als in den späten Karrierephasen statt.

C-6.3 Wirkung der Mobilität auf fachliche Beziehungen und Netzwerke

Wichtig für einen effektiven und nachhaltigen Wissens- und Technologietransfer ist es, dass Kontakte zum alten Umfeld nach einem Wechsel erhalten bleiben und dass die neue Tätigkeit Bezüge zur bisherigen Arbeit hat. Die antworten auf unsere entsprechende Frage sind hier zweigeteilt (Tabelle 29): Jeweils 43 % meinten entweder, die Beziehungen seien eingeschlafen bzw. hätten keinen Bezug mehr zur neuen Tätigkeit, oder aber, die Beziehungen seien erhalten geblieben bzw. durch neue gemeinsame Projekte erweitert worden.

Tabelle 29: Wirkungen des Wechsels auf die Beziehungen und Netzwerke

	Wechsel hin zu ...			
	Unternehmen (N=72)	Universität / Klinik (N=123)	außeruniv. (N=70)	GESAMT[1] (N = 272)
Beziehungen				
... sind „eingeschlafen"	29,2% (21)	34,1% (42)	32,9% (23)	32,7% (89)
... erhalten geblieben	23,6% (17)	25,2% (31)	31,4% (22)	26,8% (73)
... erweitert / neue gemeinsame Projekte	18,1% (13)	15,4% (19)	17,1% (12)	16,5% (45)
ohne Bezug zur neuen Tätigkeit	16,7% (12)	11,4% (14)	2,9% (2)	10,3% (28)
SUMME: eingeschlafen oder „ohne Bezug"	45,8% (33)	45,5% (56)	35,7% (25)	**43,0% (117)**
SUMME: erhalten oder erweitert	41,7% (30)	40,7% (50)	48,6% (34)	**43,3% (118)**
Netzwerke				
thematisch vielfältiger geworden	47,2% (34)	43,9% (54)	51,4% (36)	46,0% (125)
interdisziplinärer ausgerichtet als vorher	38,9% (28)	27,6% (34)	35,7% (25)	33,1% (90)
stärker fokussiert auf Spezialgebiet	20,8% (15)	19,5% (24)	25,7% (18)	21,7% (59)
GESAMT	26,5% (72)	45,2% (123)	45,2% (123)	272

[1] Die Angaben zu „sonstigen" Zieleinrichtungen wurden hier nicht dargestellt, sind aber in der GESAMT-Spalte enthalten; hierdurch stimmen die Zeilenprozente nicht exakt überein, d. h. summieren sich nicht auf 100 %.
Mehrfachnennungen möglich (Nennungen sortiert nach Gesamthäufigkeit).

Eine separate Betrachtung der Sektoren ergibt insbesondere für Unternehmen ein interessantes Ergebnis: Während Wechsler zu einem Unternehmen viel öfter als Wechsler zu Unis oder außeruniversitären Einrichtungen berichten, ihre neue Tätigkeit habe keinen Bezug zur vorherigen Arbeit, konnten diese Wechsler doch am häufigsten neue gemeinsame FuE-Projekte starten.

Außerdem zeigt sich, dass Wechsel zu einer (anderen) Universität im Regelfall bedeutet, dass die Beziehungen zur vorherigen Stelle einschlafen. Bei einem Wechsel zwischen Unternehmen bleiben die Beziehungen jedoch relativ häufig auch nach dem Wechsel erhalten.

Auffallend trotz der insgesamt geringen Unterschiede zwischen den Sektoren ist, dass Forscherinnen und Forscher, die zu einer außeruniversitären FuE-Einrichtungen wechselten, am häufigsten angeben, die Beziehungen seien erhalten geblieben und am seltensten, dass die Beziehungen keinen Bezug zur jetzigen Tätigkeit mehr aufweisen. Wie auch die Interviews gezeigt haben, stellt der Wechsel an eine außeruniversitäre FuE-Einrichtung oftmals den Abschluss einer Karriere dar, welche zielstrebig angegangen worden war.

Welche Unterschiede gibt es nun zwischen inter- und intrasektoralen Wechseln? Intersektorale Wechsel führen in der Regel dazu, dass die Beziehungen zur vorherigen Stelle nicht mehr aufrechterhalten werden. Intrasektorale Wechsel bedeuten dagegen mehrheitlich, dass die Beziehungen im Großen und Ganzen aufrechterhalten blieben (Tabelle 30).

Dies gilt für Wechsel innerhalb des Wirtschaftssektors noch stärker als für Wechsel innerhalb des akademischen Sektors. Ein kontinuierlicher Wissensfluss scheint danach am ehesten innerhalb der jeweiligen Bereiche gewährleistet zu sein. Intersektorale Wechsel haben danach möglicherweise geringere Langzeitwirkungen als intrasektorale.

Tabelle 30: Wirkungen des Wechsels auf die Beziehungen und Netzwerke bei intra- und intersektoralen Wechseln

Beziehungen und Netzwerke	INTER-sektoraler Wechsel (N=137)	INTRA-sektoraler Wechsel (N=135)	GESAMT[1] (N=272)
Beziehungen			
... sind „eingeschlafen"	38,0% (52)	27,4% (37)	32,7% (89)
... im Großen und Ganzen erhalten geblieben	21,1% (29)	32,6% (44)	26,8% (73)
... erweitert / neue gemeinsame Projekte	16,1% (22)	17,0% (23)	16,5% (45)
ohne Bezug zur neuen Tätigkeit	8,8% (12)	11,9% (16)	10,3% (28)
SUMME: eingeschlafen oder „ohne Bezug"	46,7% (64)	39,3% (53)	43,0% (117)
SUMME: erhalten oder erweitert	37,2% (51)	**49,6% (67)**	43,3% (118)

Beziehungen und Netzwerke	INTER-sektoraler Wechsel (N=137)	INTRA-sektoraler Wechsel (N=135)	GESAMT[1] (N=272)
Netzwerke			
thematisch vielfältiger geworden	47,4% (65)	44,4% (60)	46,0% (125)
interdisziplinärer ausgerichtet als vorher	35,0% (48)	31,1% (42)	33,1% (90)
Netzwerke			
stärker fokussiert auf Spezialgebiet	23,4% (32)	20,0% (27)	21,7% (59)
GESAMT	50,4% (137)	49,6% (135)	272

[1] Die Angaben zu „sonstigen" Zieleinrichtungen wurden hier nicht dargestellt, sind aber in der GESAMT-Spalte enthalten; hierdurch stimmen die Zeilenprozente nicht exakt überein, d. h. summieren sich nicht auf 100 %.

Mehrfachnennungen möglich (Nennungen sortiert nach Gesamthäufigkeit).

C-6.4 Verändert der Wechsel die Art der Wissensproduktion?

Im konzeptionellen Teil wurde dargestellt, dass neuere Ansätze der Innovationsforschung nicht mehr von linearen, sondern von Vernetzungsmodellen ausgehen, wobei sich die Wissensproduktion in rekursiven Schleifen zwischen Grundlagenforschung, angewandter Forschung und Unternehmensforschung abspielt und traditionelle institutionelle Zuordnungen der verschiedenen Forschungsarten sich zu verschieben beginnen (vgl. Teil A, Abschnitt 2.1) In unserer Untersuchung haben wir Hinweise darauf gefunden, dass diese Entwicklung zu einem gewissen Grad tatsächlich stattfindet.

Wir haben die Wissenschaftlerinnen und Wissenschaftler gefragt, wie sich die Art ihrer Forschung nach dem jeweiligen Wechsel verändert hat; ob die neue Forschung eher grundlagenorientiert oder eher anwendungsorientiert war. Tabelle 31 zeigt die Gesamtergebnisse nach der Art der Forschung.

Eine detaillierte Analyse nach exakten Wechselkombinationen zeigt

Tabelle 32. Dabei zeigt sich, dass ein Wechsel zu einer Uni nicht gleichbedeutend mit einer Arbeit in der Grundlagenforschung ist. Immerhin 42,5 % der Wechsel von einer Uni zu einer anderen zieht eine anwendungsorientierte Forschung nach sich. Bei den außeruniversitären Forschungsinstituten dominiert dagegen eindeutig die Grundlagenforschung. Die FuE-Institute schlüsseln sich wie folgt auf: 11 Personen in HGF-Einrichtungen (darunter besonders häufig das Deutsche Krebsforschungszentrum), 10 in Leibniz-Instituten, 6 in Max-Planck-Instituten, 5 in

Einrichtungen der Ressortforschung und 11 Personen in sonstigen außeruniversitären FuE-Einrichtungen wie den ehemaligen Akademien der Wissenschaften.

Tabelle 31: Art der Forschung am Zielort

Forschungsart	Wechsel hin zu ...			
	Unter-nehmen	Universität / Klinik	außeruniv.	GESAMT
Grundlagen-forschung	6,9% (5)	59,3% (73)	80,0% (56)	50,0% (136)
Anwendungs-orientierte Forschung	91,7% (66)	38,2% (47)	18,6% (13)	47,4% (129)
GESAMT	26,5% (72)	45,2% (123)	25,7% (70)	272

Tabelle 32: Art der Forschung am Zielort nach Wechseltypus

Wechsel von – nach	Grundlagen-forschung	Angewandte Forschung	GESAMT
Uni-Uni	54,0% (47)	**42,5% (37)**	32,0% (87)
Untern.-Untern.	3,8% (1)	**96,2% (25)**	9,6% (26)
FuE-FuE	100% (22)	-	8,1% (22)
Uni-Unternehmen	**12,5% (4)**	87,5% (28)	11,8% (32)
Uni-FuE	71,1% /32)	26,7% (12)	16,5% (45)
Unternehmen-Uni	66,7% (4)	50,0% (3)	2,2% (6)
Unternehmen-FuE	100% (1)	-	0,4% (1)
FuE-Uni	80% (20)	16,0% (4)	9,2% (25)
FuE-Unternehmen	-	90,9% (10)	4,0% (11)
Sonstige Wechsel	29,4% (5)	58,8% (10)	6,3% (17)
GESAMT	50,0% (136)	47,4% (129)	272

Bei den Wechseln innerhalb des Unternehmenssektors überrascht zunächst nicht, dass 96,2 % der Wechsel mit angewandter Forschung einhergehen. Erstaunlich ist dagegen, dass immerhin 12,5 % der Wechsel von einer Universität zu einem Unternehmen eine grundlagenorientierte Forschung zur Folge haben. In den

Gesamtzusammenhang verortet bedeutet dies, dass ausgewiesene Forscher im Bereich Biomedizin berichten, dass auch im Unternehmensumfeld in nicht unerheblichem Umfang Grundlagenforschung betrieben wird. Spiegelbildlich wird auch im akademischen Kontext (mit Ausnahme der außeruniversitären Einrichtungen) zu einem großen Teil angewandte Forschung betrieben.

C-7 Der Einfluss ausgewählter Persönlichkeitsmerkmale auf das Mobilitätsverhalten

C-7.1 Gender-Differenzen im Mobilitätsverhalten

Wie im Methodenteil dargestellt, haben die befragten Frauen entsprechend ihrer Repräsentanz in der Grundgesamtheit geantwortet (siehe Teil B, Abschnitt 2.3). Insgesamt liegen allerdings nur 14 vollständige, von Frauen ausgefüllte Fragebogen vor. Die folgenden Auswertungen dieser Fragebögen können daher nur Tendenzen aufzeigen. Wieder handelt es sich bei diesen Auswertungen um Auswertungen auf der Ebene der Wechsel und nicht der Personen. Korrekterweise müsste man deshalb durchgängig von durch Frauen vorgenommene Wechsel sprechen.

Mobilitätsformen
Betrachtet man das Wechselverhalten der Frauen im Sample, so zeigt sich, dass diese im Durchschnitt weniger häufig berufliche Wechsel vorgenommen haben als die Männer (Tabelle 33).

Tabelle 33: Durchschnittliche Wechselhäufigkeit von Männern und Frauen im Vergleich

	Zahl der Antwortenden	Anzahl Wechsel	Durchschnittliche Wechselhäufigkeit
Männer	126	248	1,97
Frauen	14	24	1,71
GESAMT	140	272	1,94

Von den insgesamt von Männern genannten 248 Stationen entfallen die mit Abstand meisten auf die Universitäten (46,4 %). Unternehmen (25,8 %) und außeruniversitären FuE-Einrichtungen (25,7 %) sind gleichbedeutend (Tabelle 34). Bei den Frauen, die insgesamt 24 Wechsel angegeben haben, sind Universitäten und Unternehmen gleich wichtig, Universitäten aber mit 33 % deutlich weniger bedeutsam als für Männer.

Frauen suchen zu etwa zwei Dritteln eine Stelle in der angewandten Forschung, während Männer eine deutlichere Orientierung an der Grundlagenforschung zeigen, wie Tabelle 35 deutlich macht.

Tabelle 34: Zielinstitution in Abhängigkeit von Gender

	Unternehmen	Universität / Klinik	FuE-Einrichtung	Gesamt
Männer	25,8% (64)	46,4% (115)	25,8% (64)	91,2% (248)
Frauen	33,3% (8)	33,3% (8)	25,0% (6)	8,8% (24)
GESAMT	26,5% /72)	45,2% (123)	25,7% (70)	272

Tabelle 35: Art der Forschung in Abhängigkeit von Gender

	Männer	Frauen	GESAMT
Grundlagenforschung	51,6% (128)	33,3% (8)	50,0% (136)
Anwendungs-orientierte Forschung	46,0% (114)	62,5% (15)	47,4% (129)
GESAMT	91,2% (248)	8,8% (24)	272

Wie häufig wechseln Frauen im Vergleich zu Männern den Arbeitsplatz bzw. wie lange verbleiben sie an der jeweiligen Zielinstitution? Hierüber geben Tabelle 36 und Tabelle 37 Auskunft:

Tabelle 36: Aufenthaltsdauer in Abhängigkeit von Gender

	Mittelwert (Jahre)	N	Standardabweichung
Männer	6,00	246	5,49
Frauen	6,42	24	5,79
GESAMT	6,04	270	5,52

Frauen scheinen länger an der Zielinstitution zu verbleiben als Männer: Der Mittelwert von 6,4 Jahren bei den Frauen bekräftigt die Annahme, dass Frauen früher versuchen, Dauerstellen zu besetzen. Darüber hinaus wechseln zwei Drittel der Frauen nur ein- bis zweimal ihre Stelle, während dies nur für 35 % der Männer gilt. Diese nehmen am häufigsten dreimal einen Stellenwechsel vor; weitere 18 % der Männer weisen vier berufliche Wechsel im Laufe ihrer Karriere auf. Allerdings sind Frauen auch sehr wechselfreudig: 21 % weisen fünf Wechsel auf im Vergleich zu 10 % bei den Männern.

Tabelle 37: Häufigkeit der Wechsel in Abhängigkeit von Gender

Häufigkeit der Wechsel	Männer	Frauen	GESAMT
Drei Wechsel	33,9% (84)	12,5% (3)	32,0% (64)
Zwei Wechsel	22,2% (55)	37,5% (9)	23,5% (64)
Vier Wechsel	18,1% (45)	-	16,5% (45)
Ein Wechsel	13,1% (33)	29,2% (7)	14,7% (40)
Fünf Wechsel	10,1% (25)	20,8% (5)	11,0% (30)
Sechs Wechsel	2,4% (6)	-	2,2% (6)
GESAMT	91,2% (248)	8,8% (24)	272

Die Annahme, dass Frauen weniger häufig einen Ortswechsel vornehmen als Männer wird in unserer Untersuchung bestätigt. Im Hinblick auf einen Wechsel ins Ausland unterscheiden sich Männer und Frauen weniger (Tabelle 38), wenngleich wiederum darauf hinzuweisen ist, dass bei den Frauen nur sehr niedrige Fallzahlen vorliegen.

Tabelle 38: Orts- und Auslandswechsel in Abhängigkeit von Gender

	Ortswechsel	Arbeitsort im Ausland
Männer	65,3% (162)	16,9% (42)
Frauen	54,2% (13)	12,4% (3)
GESAMT	64,3% (175)	16,5% (45)

Im Folgenden soll geprüft werden, ob die obigen Ergebnisse auf die Sektorzugehörigkeit von Männern und Frauen zurückführen sind: Wenn die Universitätskarrieren eher von Männern verfolgt werden, so ist naheliegend, dass sie eine geringere Verweildauer bei einer Arbeitsstelle aufweisen, weil sie stärker von Befristungen betroffen sind. Tabelle 39 gibt hierüber Auskunft: Bezogen auf die Gesamtzahl der Wechsel sind Frauen zum Zeitpunkt der Befragung deutlich seltener an Universitäten vorzufinden als die befragten Männer: 20,8 % der Frauen gegenüber 35,1 % der befragten Männer sind zum Zeitpunkt der Befragung an einer Universität beschäftigt.

Tabelle 39: Herkunftsinstitution in Abhängigkeit von Gender

	Unternehmen	Universität / Klinik	FuE-Einrichtung	Gesamt
Männer	31,0% (77)	35,1% (87)	33,9% (84)	248
Frauen	33,3% (8)	20,8% (5)	45,8% (11)	24
Gesamt	31,3% (85)	33,8% (92)	34,9% (95)	272

Frauen haben dagegen einen klaren Schwerpunkt bei den außeruniversitären FuE-Einrichtungen. Dort arbeiteten zum Zeitpunkt der Befragung 46 % der Frauen. Bei den außeruniversitären FuE-Einrichtungen handelt es sich zum großen Teil um HGF-Zentren und Ressortforschungseinrichtungen, die sich zumindest in der Vergangenheit durch überwiegend unbefristete Stellen ausgezeichnet haben. Damit scheint die Annahme, dass die Ergebnisse des Mobilitätsverhaltens von Männern und Frauen auf deren Sektorzugehörigkeit zurückgeführt werden kann, als bestätigt.

Wechselmotive

Die Betrachtung der Wechselmotive bestätigt die eingangs formulierte Hypothese, dass für Frauen private Gründe und andere Push-Faktoren eine größere Rolle bei Mobilitätsentscheidungen spielen als für Männer (vgl. Teil A, Abschnitt 2.11). Darüber hinaus gibt es Hinweise auf eine strukturelle Benachteiligung von Frauen auf dem Arbeitsmarkt: Frauen haben häufiger befristete Stellen inne, die nicht verlängert werden. Auch liegt Frauen im Durchschnitt weniger häufig ein attraktives Stellenangebot vor, das sie zu einem Wechsel motivieren würde. Schließlich sind Frauen häufiger enttäuscht über die Art der Arbeit an ihrer vorherigen Stelle. Auffallend ist, dass Männer häufiger als Frauen einen beruflichen Wechsel explizit als Sprungbrett für die weitere Karriere nutzen – bzw. dies zumindest als Motiv nennen (Tabelle 40).

Tabelle 40: Wechselmotive in Abhängigkeit von Gender

Wechselmotiv	Männer	Frauen	Gesamt
Attraktives Stellenangebot	56,9% (141)	**37,5% (9)**	55,1% (150)
Herausforderung, etwas Neues zu lernen	49,2% (122)	41,7% (10)	48,5% (132)
Wechsel als Sprungbrett für weitere Karriere	**44,4% (110)**	29,2% (7)	43,0% (117)
Wunsch, das gelernte Wissen in die Anwendung zu bringen	23,8% (59)	16,7% (4)	23,2% (63)
Aussicht auf bessere Bezahlung	17,7% (44)	20,8% (5)	18,0% (49)

Wechselmotiv	Männer	Frauen	Gesamt
Befristung der vorherigen Stelle, keine Verlängerung möglich	15,7% (39)	**20,8% (5)**	16,2% (44)
Private / familiäre Gründe	7,7% (19)	**25,0% (6)**	9,2% (25)
keine Stelle in bisheriger Einrichtung verfügbar	8,6% (21)	12,5% (3)	8,8% (24)
Enttäuschung / Unzufriedenheit mit bisheriger Art der Forschung	7,7% (19)	**16,7% (4)**	8,5% (23)
Sonstiges	6,9% (17)	8,3% (2)	7,0% (19)
Zufall, war nicht geplant	4,0% (10)	4,2% (1)	4,0% (11)
GESAMT	248	24	272

Mehrfachnennungen möglich (Nennungen sortiert nach Gesamthäufigkeit).

Informationsquellen

Für knapp die Hälfte der Frauen spielt die direkte Vermittlung bzw. Empfehlung durch Kollegen oder Vorgesetzte die wichtigste Rolle bei der Informationsvermittlung für die Stelle, zu der gewechselt wurde (45,8 % in Tabelle 41). Weitere informelle Kontakte sind nur für ca. 17 % der Frauen als Informationsquelle von Bedeutung, im Gegensatz zu 38 % der Männer. Schließlich nutzt etwa ein Fünftel der Frauen – gleichauf mit den befragten Männern – öffentlich zugängliche Quellen wie Zeitungs-/ Zeitschriftenannoncen. Gleichzeitig scheint für Frauen die Bedeutung gemeinsamer FuE-Projekte wichtiger zu sein als für Männer.

Tabelle 41: Informationsquellen in Abhängigkeit von Gender

Genutzte Informationsquellen	Männer	Frauen	Gesamt
Vermittlung / Empfehlung durch Kollegen oder Vorgesetzte	39,1% (97)	**45,8% (11)**	39,7% (108)
Informelle Kontakte der Forschung (Konferenzen, Vorträge)	**37,9% (94)**	16,7% (4)	36,0% (94)
Zeitungsannoncen / Internet	23% (57)	25% (6)	23,2% (63)
Vorherige gemeinsame (FuE-)Projekte	8,1% (20)	**16,7% (4)**	8,8% (24)
Beratungs-/Gutachtertätigkeit	1,6% (4)	-	1,5% (4)

Mehrfachnennungen möglich (Nennungen sortiert nach Gesamthäufigkeit).

Berufliche Netzwerke

Wie wirken sich die beruflichen Wechsel auf die beruflichen Beziehungsgeflechte von Männern und Frauen aus? Tabelle 42 zeigt die Antworten der befragten Männer und Frauen. Die Ergebnisse ergeben auf den ersten Blick ein widersprüchliches Bild: So geben die befragten Männer bezogen auf die Gesamtzahl ihrer Wechsel häufiger als die Frauen an, dass die Beziehungen zur alten Stelle „eingeschlafen" seien. Einem großen Teil der Männer gelingt es jedoch, die Beziehungen entweder zu erhalten (27,4 %) oder sie durch neue Projekte zu erweitern (17,3 %). Bei den Frauen hingegen fällt auf, dass diese sehr häufig angeben, ihre alte Einrichtung habe keinen Bezug mehr zur neuen Tätigkeit (25 %). bzw. die Beziehungen seien „eingeschlafen" (25 %). Summiert man diese beiden Angaben, so konnte die Hälfte der Frauen ihre Beziehungen nach dem Wechsel nicht mehr aufrechterhalten, während dies für lediglich 42 % der Männer gilt.

Tabelle 42: Auswirkungen auf das berufliche Netzwerk in Abhängigkeit von Gender

Beziehungen und Netzwerke	Männer (N=248)	Frauen (N=24)	Gesamt (N=272)
Beziehungen			
... sind „eingeschlafen"	33,5% (83)	25,0% (6)	32,7% (89)
... sind im Großen und Ganzen erhalten geblieben	27,4% (68)	20,8% (5)	26,8% (73)
... wurden erweitert / neue gemeinsame Projekte	17,3% (43)	8,3% (2)	16,5% (45)
alte Einrichtung ohne Bezug zur neuen Tätigkeit	8,9% (22)	25,0% (6)	10,3% (28)
SUMME: eingeschlafen oder „ohne Bezug"	44,8% (111)	29,2% (7)	43,0% (117)
SUMME: erhalten oder erweitert	42,3% (105)	50,0% (12)	43,3% (118)
Netzwerke			
thematisch vielfältiger geworden	44,4% (110)	62,5% (15)	46,0% (125)
interdisziplinärer ausgerichtet als vorher	32,7% (81)	37,5% (9)	33,1% (90)
stärker fokussiert auf Spezialgebiet	21,4% (53)	25,0% (6)	21,7% (59)

Mehrfachnennungen möglich (Nennungen sortiert nach Gesamthäufigkeit).

Wirkungen des Wechsels

Insgesamt betrachtet scheinen sich für die befragten Männer die Wechsel eher „ausgezahlt" zu haben, d. h. sie waren Karriere fördernd (80 % der Männer gegenüber

67 % der Frauen). Explizit Karriere hemmend waren die Wechsel jeweils für nur 2 % der Männer, aber 5 % der Frauen. Frauen stufen ihre Wechsel außerdem häufiger als „neutral" im Hinblick auf ihre Karriere ein (29 % der Frauen gegenüber 18 % der Männer).

Wie wird nun die Wirkung des Wechsels auf die Patent- und Publikationsaktivitäten eingeschätzt? Hierüber gibt die folgende Tabelle Auskunft:

Tabelle 43: Wirkung des Wechsels auf die Publikations- und Patentaktivitäten in Abhängigkeit von Gender

	Männer	Frauen	GESAMT
Publikationen			
Positiv	**64,5% (160)**	50,0% (12)	63,2% (172)
Neutral	15,3% (38)	**25,0% (6)**	16,2% (44)
Negativ	16,1% (40)	16,7% (4)	16,2% (44)
Trifft nicht zu	4,0% (10)	8,3% (2)	4,4% (12)
Patente			
Positiv	**24,2% (60)**	12,5% (3)	23,2% (63)
Neutral	63,3% (157)	**75,0% (18)**	64,3% (175)
Negativ	5,6% (14)	-	5,1% (14)
Trifft nicht zu	6,9% /17)	12,5% (3)	7,4% (20)
GESAMT	26,5% (72)	45,2% (123)	272

Tabelle 43 zeigt, dass Frauen ihre Wechsel in der Regel weniger direkt in Richtung Verwertung für Publikationen oder Patente anlegen. Im Falle der Patente nennen Männer doppelt so häufig, dass sich ihre Aktivitäten nach dem Wechsel positiv verändert haben. Auffällig ist, dass Frauen deutlich häufiger die neutrale Antwortkategorie wählen als Männer.

C-7.2 Alters-Differenzen im Mobilitätsverhalten

Um die Frage zu beantworten, in welcher Lebensphase besonders oft gewechselt wird, wurde die durchschnittliche Mobilität in Alterskohorten bestimmt. Da sich die Wechselereignisse mit zunehmendem Alter kumulieren, berichten die älteren Forscher über mehr Wechsel als die jüngeren. Um ein unverzerrtes Ergebnis für die Mobilitätsneigung zu erhalten, muss die Wechselneigung entsprechend der Lebensarbeitszeit korrigiert werden. Nach der Korrektur zeigt sich, dass die durchschnittliche Anzahl von Wechseln pro Arbeitszeitdekade mit zunehmendem Alter abnimmt (Tabelle 44).

Dies kann auf zwei Gründe haben. Zum einen nehmen wir an, dass es sich um einen Kohorteneffekt handelt, d. h. für die älteren Forscherinnen und Forscher war Mobilität während ihres Karriereverlaufs generell weniger wichtig und deshalb niedriger. Zweitens gehen wir davon aus, dass Forschende in ihren jungen Jahren generell mobiler sind als später.

Tabelle 44: Altersmuster im Mobilitätsverhalten

Alterskohorte (in 2005)	Anzahl Beobachtungen	Anzahl Wechsel	Anzahl Wechsel pro Dekade Arbeitsleben (mean)*	St. err.	Signifikanz
30 bis 40	35	1.83	1.52	0.78	
41 bis 50	55	2.07	1.04	0.47	***
51 bis 60	49	2.55	0.87	0.43	***
über 60	7	3.71	0.99	0.47	**

* Es wird angenommen, dass der Studienabschluss mit 25 Jahren erfolgte.
*** (**, *) zeigt eine Signifikanz auf 1 % (5 %, 10 %)-Niveau.

Die Tabelle 45 bestätigt die Annahmen weitgehend: Vor allem die Gruppe der 30-40jährigen weist im Alter zwischen 25 und 35 Jahren eine besonders hohe Wechselhäufigkeit auf. In den Altersgruppen der 41-50jährigen sowie der 51-60jährigen ist die Mobilitätsneigung in jungen Jahren mit 0,8 bzw. 0,6 deutlich geringer. Von unseren Erwartungen abweichend ist jedoch das Ergebnis, dass die älteste Kohorte, d. h. die über 60jährigen, ebenfalls eine sehr hohe Mobilitätsneigung in ihren jungen Jahren aufgewiesen hat.

Tabelle 45: Mobilität von ForscherInnen im Alter zwischen 25 und 35 Jahren

Alterskohorte (in 2005)	Mean	Std.err.	Signifikanz+
30 bis 40++	1.25	1.04	
41 bis 50	0.80	0.89	**
51 bis 60	0.59	0.98	***
über 60	1.57	1.27	

Mittlere Mobilitätsneigung in der Dekade zwischen 25 und 35 Jahren;
+Test auf gleiche mittlere Mobilitätsneigung in der Altersgruppe 30-40;
++ Mittelwert korrigiert für ForscherInnen unter 40 Jahren.

In der Abbildung 13 ist die relative Wechselhäufigkeit der einzelnen Altersgruppen entlang der Zielsektoren abgebildet. Es zeigt sich, dass ein Wechsel hin zu einer Universität mit zunehmendem Alter deutlich an Einfluss verliert – hier spielen offenbar rechtliche Rahmenbedingungen wie Altersgrenzen für Berufungen eine

Rolle. Sowohl für die Wechsel hin zu außeruniversitären Forschungseinrichtungen als auch zu Unternehmen zeigen sich dagegen zwei Spitzen: Die eine etwa im Alter von 30 Jahren, die nächste im Alter von etwa Mitte 50 Jahren.

Abbildung 13: Relative Häufigkeit der Mobilität zu den einzelnen Sektoren

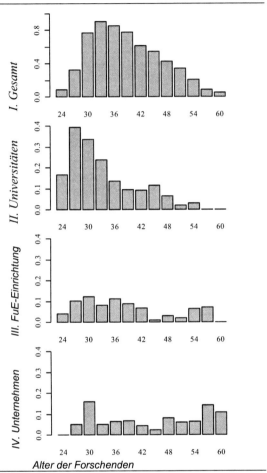

Das Alter der Forschenden ist ein 3-Jahreszeitraum, z. B. zeigt der Balken 36 Jahre die Zeitspanne von 35 bis 37 Jahren an.

C-7.3 Status-Differenzen im Mobilitätsverhalten

Die folgenden Analyen prüfen, ob sich die Mobilitätsmuster, -motive und -wirkungen danach unterscheiden, welche berufliche Position die Befragten zum Zeitpunkt der Befragung innehatten. Dabei ist als Information vorauszuschicken, dass sich die

Erhebung nur an Befragte mit Promotion, an Privatdozenten oder an Professoren richtete. Die beschriebenen 272 Wechsel wurden daher auch mehrheitlich von promovierten Befragten beschrieben (151 Wechsel, dies entspricht 55,5 %), gefolgt von Professor/-innen (33,5 %, 91 Wechsel) und Privatdozent/-innen (11 %, 30 Wechsel). Auch hier gilt, dass aus Gründen der Einfachheit oft nicht von Wechseln, die von Promovierten, Privatdozenten oder Professoren vorgenommen wurden, gesprochen wird, sondern nur von Promovierten, Privatdozenten oder Professoren.

Mobilitätsformen

Wohin haben die Befragten in Abhängigkeit von ihrem beruflichen Status im Laufe ihrer Karriere mehrheitlich gewechselt? Wie die nachfolgende Tabelle zeigt, haben promovierte Befragte oft zu einem Unternehmen gewechselt. Für Professoren und Professorinnen und für Privatdozenten und Privatdozentinnen hat der Wechsel zu einem Unternehmen hingegen nur geringe Bedeutung. Die Wechsel, die von Personen angegeben werden, die heute Professuren innehaben, erfolgten zu 11 % zu Unternehmen und zu 59,3 % zu Universitäten (Tabelle 46).

Tabelle 46: Zielorte in Abhängigkeit des beruflichen Status

Status	Wechsel hin zu ...				GESAMT
	Unternehmen	Universitäten / Kliniken	außeruniversitär	Sonstige	% (N)
Promovierte	38,4% (58)	33,8% (51)	25,8% (39)	2,0% (3)	55,5% (151)
Privatdozenten	13,3% (4)	60,0% (18)	20,0% (6)	6,7% (2)	11,0% (30)
Professoren	11,0% (10)	59,3% (54)	27,5% (25)	2,2% (2)	33,5% (91)
GESAMT	26,5% (72)	45,2% (123)	25,7% (70)	2,6% (7)	272

Auch die Wechselhäufigkeit unterscheidet sich deutlich in Abhängigkeit vom beruflichen Status: Die promovierten Befragten scheinen am häufigsten bereits nach *einem* Wechsel ihre endgültige Karrierestation erreicht zu haben, während insbesondere für die Privatdozenten drei bis vier Wechsel durchaus üblich zu sein scheinen (Tabelle 47). Dass Privatdozenten so viele Wechsel aufweisen, ist möglicherweise Resultat der schwierigen Stellensituation an Universitäten und der gestiegenen Erfordernis zu wechseln geschuldet. Ausgeprägte Mehrfachwechsel mit bis zu fünf Wechseln finden sich vor allem in der Gruppe der Professoren und Professorinnen. Hier spiegelt sich aber auch ein Alterseffekt wider.

Wie bereits in Abschnitt 5.4 beschrieben, kann von einem Wechsel an eine Universität nicht automatisch auf eine Tätigkeit in der Grundlagenforschung geschlossen werden. Entsprechend sind wir der Frage nachgegangen, welchem „Forschungstyp" die Befragten ihren Arbeitsort zurechnen.

Tabelle 48 zeigt die Ergebnisse: Privatdozenten und Privatdozentinnen ordnen ihren Zielort vor allem der Grundlagenforschung zu, deutlich häufiger als Professoren und Professorinnen. Demgegenüber ist die Orientierung an der angewandten Forschung vor allem bei promovierten Befragten zu finden.

Tabelle 47: Häufigkeit der Wechsel in Abhängigkeit des beruflichen Status

Häufigkeit der Wechsel	Promotion	PD	Professur	GESAMT
Drei Wechsel	35,8% (54)	40,0% (12)	23,1% (21)	32,0% (64)
Zwei Wechsel	23,8% (36)	20,0% (6)	24,2% (22)	23,5% (64)
Vier Wechsel	5,3% (8)	33,3% (10)	29,7% (27)	16,5% (45)
Ein Wechsel	21,2% (32)	6,7% (2)	6,6% (6)	14,7% (40)
Fünf Wechsel	9,9% (15)	-	16,5% (15)	11,0% (30)
Sechs Wechsel	4,0% (6)	-	-	2,2% (6)
GESAMT	55,5% (151)	11,0% (30)	33,5% (91)	272

Tabelle 48: Art der Forschung nach beruflichem Status

	Grundlagenforschung	Anwendungsorientierte Forschung
Promovierte	41,7% (63)	56,3% (85)
Privatdozenten	66,7% (20)	26,7% (8)
Professoren	58,2% (53)	39,6% (36)
GESAMT	50% (136)	47,4% (129)

Die Tabelle 49 zeigt, dass es sich sowohl bei den befragten Professoren als auch bei den Privatdozenten um eine hochmobile Bevölkerungsgruppe handelt, die zu jeweils ca. 70 % der im Zusammenhang der von ihnen angegebenen beruflichen Wechseln auch einen Ortswechsel vorgenommen hat. Die Promovierten haben „nur" zu ca. 60 % mit ihrem beruflichen Wechsel auch einen Ortswechsel vorgenommen.

Einen Auslandsaufenthalt hat nach unseren Befragungsergebnissen vor allem die Gruppe der Privatdozenten vorgenommen. Hierin kann sich die Bedeutung der Internationalisierung für berufliche Karriereverläufe im Wissenschaftsbereich widerspiegeln.

Tabelle 49: Ortswechsel nach beruflichem Status

	Ortswechsel Ja	Auslandsaufenthalt
Promovierte	60,3% (91)	14,6% (22)
Privatdozenten	70,0% (21)	26,7% (8)
Professoren	69,2% (63)	16,5% (15)
GESAMT	64,3% (175)	16,5% (45)

Motive für den Wechsel
Was waren nun die typischen Motive für einen Wechsel für die drei Gruppen? Tabelle 50 zeigt, dass die berufsbedingten Wechsel der Professoren und Professorinnen klar vom Vorliegen eines attraktiven Stellenangebots dominiert waren, gefolgt von dem Motiv, den Wechsel als Sprungbrett für die weitere Karriere zu nutzen. Für die promovierten Befragten war dagegen die Herausforderung, etwas Neues zu tun, das wichtigste Wechselmotiv. Für diese Befragtengruppe war darüber hinaus der Wunsch nach Anwendung des erworbenen Wissens zentral.

Tabelle 50: Wechselmotive nach beruflichem Status

Wechselmotiv	Promotion	PD	Professur	GESAMT
Attraktives Stellenangebot	49,0% (74)	56,7% (17)	**64,8% (59)**	55,1% (150)
Herausforderung Neues	**53,6% (81)**	36,7% (11)	44,0% (40)	48,5% (132)
Sprungbrett Karriere	39,7% (60)	46,7% (14)	47,3% (43)	43,0% (117)
Wunsch nach Anwendung	**27,8% (42)**	20,0% (6)	16,5% (15)	23,2% (63)
bessere Bezahlung	19,2% (29)	13,3% (4)	17,6% (16)	18,0% (49)
Befristung vorherige Stelle	16,6% (25)	**20,0% (6)**	14,3% (13)	16,2% (44)
Private / familiäre Gründe	10,6% (16)	**16,7% (5)**	4,4% (4)	9,2% (25)
keine Stelle mehr	9,9% (15)	10,0% (3)	6,6% (6)	8,8% (24)
Enttäuschung / Unzufriedenheit	**11,9% (18)**	6,7% (2)	3,3% (3)	8,5% (23)
Sonstiges	6,6% (10)	-	9,9% (9)	7,0% (19)
Zufall, war nicht geplant	4,0% (6)	6,7% (2)	3,3% (3)	4,0% (11)
GESAMT	55,5% (151	11,0% (30)	33,5% (81)	272

Mehrfachnennungen möglich (Nennungen sortiert nach Gesamthäufigkeit).

Informationsquellen

Für die Professoren sind sowohl informelle Kontakte als auch die Empfehlung durch Kollegen bzw. Vorgesetzte die zentralen Informationsquellen. Auch Zeitungsannoncen sowie Beratungs- und Gutachtertätigkeit werden von Professoren häufiger genutzt als von den beiden anderen Befragtengruppen. Damit scheinen Professoren eine Vielzahl unterschiedlicher Informationsquellen für ihre berufliche Mobilität zu nutzen – und dies mit Erfolg, wie ihr beruflicher Status zum Zeitpunkt der Befragung zeigt.

Tabelle 51: Genutzte Informationsquellen nach beruflichem Status

Informationsquellen	Promotion	PD	Professur	Gesamt
Vermittlung oder Empfehlung durch Kollegen bzw. Vorgesetzte	38,4% (58)	43,3% (13)	40,7% (37)	39,7% (108)
Informelle Kontakte der Forschung (Konferenzen)	33,1% (50)	36,7% (11)	40,7% (37)	36,0% (98)
Zeitungsannoncen / Internet	21,2% (32)	10,0% (3)	30,8% (28)	23,2% (63)
Vorherige (FuE-)Projekte	8,6% (13)	20,0% (6)	5,5% (5)	8,8% (24)
Beratungs-/Gutachter-tätigkeit	0,7% (1)	-	3,3% (3)	1,5% (4)

Mehrfachnennungen möglich (Nennungen sortiert nach Gesamthäufigkeit).

Auswirkungen des Wechsels auf Netzwerke

Der berufliche Wechsel hat sich folgendermaßen auf die Beziehungs- und Netzwerkstrukturen ausgewirkt: Für die Privatdozenten sind die Beziehungen am häufigsten erhalten geblieben oder wurden erweitert (Tabelle 52). Dies spricht dafür, dass diese vor allem innerhalb des bereits vorhandenen Beziehungsgeflechtes gewechselt haben bzw. den Wechsel gezielt dazu genutzt haben, neue Kontakte zu knüpfen. Denn gleichzeitig gaben sie an, dass sie ihre Kontakte durch neue Projekte erweitern konnten. Einen Verlust an Beziehungen weisen sowohl die Professoren als auch die Promovierten auf, wobei die Promovierten auch am häufigsten von allen drei Befragtengruppen angeben, dass ihre Tätigkeit keinen Bezug zur vorherigen aufweist.

Die Netzwerke selbst wurden durch die Wechsel in der Regel vielfältiger, im Falle der befragten promovierten Wissenschaftler auch am ehesten interdisziplinärer. Gleichzeitig geben diese Befragten an, dass sich ihr Netzwerk durch den Wechsel stärker auf das Spezialgebiet fokussiert hat. Es scheint sich hier also abzuzeichnen, dass durch einen Wechsel in den Unternehmensbereich einige der ursprünglichen Beziehungen abbrechen.

Tabelle 52: Auswirkungen auf Beziehungen und Netzwerke nach beruflichem Status

Beziehungen und Netzwerke	Promotion (N=151)	PD (N=30)	Professur (N=91)	GESAMT (N=272)
Beziehungen				
sind „eingeschlafen"	31,8% (48)	20,0% (6)	38,5% (35)	32,7% (89)
im Großen und Ganzen erhalten	23,2% (35)	40,0% (12)	28,6% (26)	26,8% (73)
... erweitert / neue Projekte	14,6% (22)	26,7% (8)	16,5% (15)	16,5% (45)
ohne Bezug zur neuen Tätigkeit	12,6% (19)	-	9,9% (9)	10,3% (28)
SUMME: eingeschlafen / „ohne Bezug"	44,4% (67)	20,0% (6)	48,4% (44)	43,0% (117)
SUMME: erhalten oder erweitert	37,7% (57)	66,7% (20)	45,1% (41)	43,3% (118)
Netzwerke				
thematisch vielfältiger geworden	47,7% (72)	30,0% (9)	48,4% (44)	46,0% (125)
interdisziplinärer als vorher	34,4% (52)	26,7% (8)	33,0% (30)	33,1% (90)
stärker fokussiert auf Spezialgebiet	26,5% (40)	10,0% (3)	17,6% (16)	21,7% (59)

Auswirkungen des Wechsels auf die Karriere sowie auf Publikations- und Patentaktivitäten

Abschließend wollen wir betrachten, wie sich die beruflichen Wechsel aus Sicht der Befragten auf ihre berufliche Laufbahn und ihre Publikations- sowie Patentierungsaktivitäten ausgewirkt haben.

In Bezug auf die Wirkung des Wechsels auf die berufliche Laufbahn fallen folgende Ergebnisse auf: Grundsätzlich haben sich die beruflichen Wechsel für alle drei Befragtengruppe mehrheitlich positiv ausgewirkt. Professoren konstatieren überdurchschnittlich häufig eine Karriere fördernde Wirkung ihrer Wechsel (zu fast 90 %). Promovierte Befragte scheinen im Vergleich zu den anderen beiden Statusgruppen am ehesten von einer neutralen Wirkung der beruflichen Wechsel auf ihre Karriere auszugehen. Wenn überhaupt, dann tritt eine Karriere hemmende Wirkung des Wechsels am ehesten bei den befragten Privatdozenten auf (Tabelle 53).

Tabelle 53: Wirkung auf die Karriere nach beruflichem Status

	Karriere fördernd	neutral	Karriere hemmend	GESAMT
Promotion	72,5% (103)	24,6% (35)	2,8% (4)	56,1% (142)
Privatdozenten	80,8% (21)	15,4% (4)	3,8% (1)	10,3% (26)
Professur	88,2% (75)	10,6% (9)	1,2% (1)	33,6% (85)
GESAMT	78,7% (199)	19,0% (48)	2,4% (6)	253

Hinsichtlich der Wirkung des Wechsels auf die Publikationsaktivitäten der Befragten sind es die Professoren, die am deutlichsten von einer publikationsförderlichen Wirkung des Wechsels sprechen (73,6 %), promovierte Befragte hingegen am wenigsten. Letztere geben vielmehr eine neutrale Wirkung ihres Wechsels auf die Publikationsaktivität an sowie am häufigsten von allen drei Befragtengruppen eine negative Wirkung. Dies ist vermutlich wieder vorwiegend auf Wechsel in die Wirtschaft zurückzuführen.

Tabelle 54: Wirkung auf die Publikations- und Patentaktivitäten nach beruflichem Status

	Promotion	PD	Professur	GESAMT
Publikationen				
Positiv	56,3% (85)	66,7% (20)	73,6% (67)	63,2% (172)
Neutral	21,2% (32)	10,0% (3)	9,9% (9)	16,2% (44)
Negativ	18,5% (28)	13,3% (4)	13,2% (12)	16,2% (44)
Trifft nicht zu	4,0% (6)	10,0% (3)	3,3% (3)	4,4% (12)
Patente				
Positiv	28,5% (43)	20,0% (6)	15,4% (14)	23,2% (63)
Neutral	59,6% (90)	63,3% (19)	72,5% /66)	64,3% (175)
Negativ	6,0% (9)	3,3% (1)	4,4% (4)	5,1% (14)
Trifft nicht zu	6,0% (9)	13,3% (4)	7,7% (7)	7,4% (20)
GESAMT	55,5% (151)	11,0% (30)	33,5% (91)	272

Auf die Patentierungsaktivitäten wirken sich die Wechsel dagegen vor allem für die Promovierten positiv aus, für die Professoren am ehesten neutral (Tabelle 54).

C-8 Einordnung der Mobilität im Vergleich zu anderen Formen des Wissens- und Technologietransfers

Ausgehend von der Diagnose eines relativ geschlossenen deutschen Systems („Turm-Modell", siehe Teil A, Abschnitt 7.2) wollten wir der Frage nachgehen, ob es möglicherweise funktionale Äquivalente zum persönlichen Wechsel gibt. Denn offensichtlich besteht ein Widerspruch zwischen dem Mobilitätsdefizit der deutschen Forscher und der Leistungsfähigkeit der deutschen Biomedizin. Diese schneidet im internationalen Vergleich durchaus nicht so schlecht ab, wie es aufgrund der diagnostizierten geringen Durchlässigkeit zu erwarten wäre. Ein Wissens- und Technologietransfer findet also ganz offensichtlich statt – möglicherweise aber nicht ausschließlich oder nicht vorwiegend über Personenaustausch.

Um zu erfahren, welche Bedeutung der intersektorale Wechsel im Vergleich zu anderen Transferformen hat, wurden Fragen aus dem Matrixteil und dem personenbezogenen Teil kombiniert.

Zunächst wollten wir wissen, mit welchen Kooperationsformen die befragten Wissenschaftler persönliche Erfahrungen gemacht haben. Aus einer Liste möglicher Kooperationsformen, die von gemeinsamen Forschungsprojekten bis hin zu Ein-, Aus- und Kreuzlizensierung reichte, sollten die Wissenschaftler zu Beginn des Fragebogens ankreuzen, welche Formen der intersektoralen Zusammenarbeit sie bereits genutzt haben. Die entsprechende Frage 3 lautete: „Welche der folgenden Kooperationserfahrungen haben Sie persönlich im Laufe Ihrer beruflichen Laufbahn gemacht? (Mehrfachantworten möglich)". Abbildung 14 zeigt die Erfahrungen, die in unserem Sample vorliegen und unterscheidet dabei zwischen Mobilen und Immobilen.

Abbildung 14: Kooperationserfahrungen der Befragten

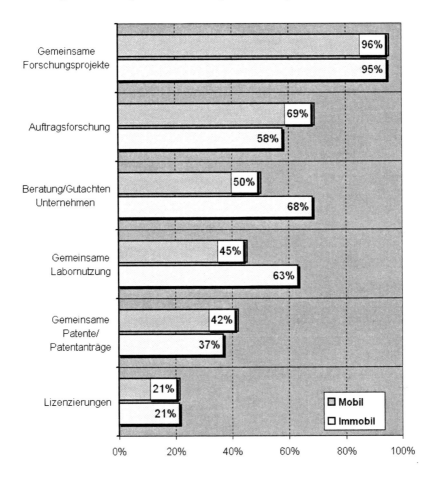

Insgesamt zeigt sich, dass die Gruppe der von uns als mobil bezeichneten Wissenschaftlerinnen und Wissenschaftler überdurchschnittlich häufig gemeinsame Forschungsprojekte durchgeführt haben und dass sie an Auftragsforschungsarbeiten beteiligt waren. Aufschlussreich sind die Ergebnisse für die andere Gruppe: Die immobilen Wissenschaftlerinnen und Wissenschaftler zeichnen sich dadurch aus, dass sie überdurchschnittlich häufig Beratungen bzw. Gutachten für Unternehmen durchführen und dass sie an einem gemeinsamen Laborbetrieb beteiligt sind. Darüber hinaus sind für sie (ebenso wie für die Mobilen) Lizenzierungen ein wichtiges Instrument des Technologietransfers.

Die große Bedeutung gemeinsamer Projekttätigkeit wird von mehreren Interviewpartnern unterstrichen. diese berichten davon, dass gemeinsam von Wissenschaft und Unternehmen durchgeführte Projekte dazu beitragen, dass Wissen in die

Anwendung gebracht wird und dass sie den eigenen Horizont erweitern können. Ein Gesprächspartner drückte dies wie folgt aus: „Gemeinsame FuE-Projekte mit anderen Fachkollegen sind ganz entscheidend, die Zusammensetzung von Teams mit heterogenem Hintergrund ist kreativitätsförderlich, wenngleich sichergestellt werden muss, dass alle am gleichen Strang ziehe. Grundsätzlich überwiegt der Vorteil, über den eigenen Tellerrand hinauszublicken und sich von Kollegen anderer Fachrichtungen inspirieren zu lassen".

Abbildung 15 zeigt die Einschätzung der publikationsfördernden Wirkung unterschiedlicher Kooperationsformen, differenziert danach, ob es sich bei den Befragten um „mobile" oder „immobile" Befragte gehandelt hat. Dabei wird deutlich, dass sich die beiden Mobilitätsgruppen im Hinblick auf die Einschätzung, ob eine Kooperationsform positive Wirkungen für die eigene Publikationsaktivität hatte, nur geringfügig voneinander unterscheiden.

Abbildung 15:   Publikationsfördernde Wirkung ausgewählter Kooperationsformen*

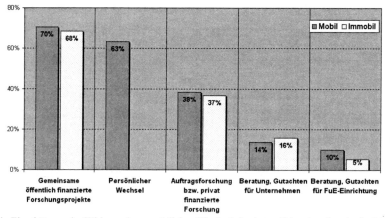

* Die Einschätzung der Wirkung des persönlichen Wechsels basiert auf den Angaben in der Matrix und wurde nur für die mobilen Wissenschaftler ausgewertet.

Dennoch wird deutlich, dass nicht der persönliche Wechsel an erster Stelle der publikationsfördernden Transferformen steht, sondern die Erfahrung durch gemeinsame, öffentlich finanzierte Forschungsprojekte. Der persönliche Wechsel liegt zwar noch weit vor der Auftrags- bzw. privat finanzierten Forschung, allerdings auch hinter den gemeinsamen Forschungsprojekten.

Die Abbildung 16 zeigt die Antworten auf die Frage, in welchem Umfang sich die verschiedenen Kooperationsarten positiv auf Patentaktivitäten ausgewirkt haben - wiederum differenziert nach den beiden Mobilitätsgruppen. Bei den „Immobilen" zeigt sich eine leicht erhöhte Neigung, eine positive Wirkung gemeinsamer öffentlich finanzierter Forschungsprojekte festzustellen. Der persönliche Wechsel wird allerdings hinsichtlich der Patentaktivitäten als wichtigstes Transferinstrument eingeschätzt.

Abbildung 16: Patentfördernde Wirkung ausgewählter Kooperationsformen*

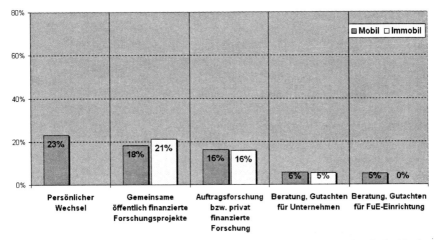

* Die Einschätzung der Wirkung des persönlichen Wechsels basiert auf den Angaben in der Matrix und wurde nur für die mobilen Wissenschaftler ausgewertet.

Die große Bedeutung des persönlichen Wechsels für die Patentaktivitäten wurde auch in den Interviews unterstrichen. Begründet wurde dies von einem Gesprächspartner damit, dass die beiden Systeme – öffentlich versus privat – nur bedingt kompatibel seien. Es werde unterschiedlich konsequent auf die Patentierfähigkeit des generierten Wissens geachtet und es werde generell mit unterschiedlicher Stringenz hinsichtlich der Verwertbarkeit gearbeitet.

In Bezug auf unsere These, dass verschiedene Kooperationsformen die mangelnde Wechselneigung deutscher Wissenschaftler ausgleichen können, zeigten unsere Daten ein zweigeteiltes Bild. Nimmt man allein die Anzahl der Publikationen als Indikator für den Transfererfolg, so zeigt sich, dass gemeinsame, öffentlich finanzierte Forschungsprojekte noch knapp vor dem persönlichen Wechsel rangieren. Gemeinsame Forschungsprojekte mit Beteiligung der Universität, anderen FuE-Instituten und Unternehmen können demnach einen Teil der in Deutschland als verbesserungswürdig diagnostizierten Personenmobilität auffangen, wenn nicht gar ersetzen. Anders sieht es aus, wenn man die Anzahl der Patente als Erfolgsindikator verwendet: Hier zeigt sich in der Tat, dass es keine effektivere Transferform als den persönlichen Wechsel gibt.

Teil D: Förderliche und hemmende Faktoren für die intersektorale Mobilität

D-1 Förderliche Faktoren

Die Frage nach förderlichen und hemmenden Faktoren für intersektorale Mobilität wurde sowohl den Wechslern als auch den Immobilen gestellt. Die folgenden Auswertungen beziehen sich auf die Perspektive der Personen und haben damit eine andere Fallzahl als die Auswertungen, die auf der Anzahl der Wechsel basierten (siehe Teil B, Abschnitt B-2.4).

Die Rangfolge der förderlichen Faktoren zeigt Abbildung 17 im Überblick.

Abbildung 17: Förderliche Faktoren für intersektorale Mobilität (Perspektive der Personen, Mehrfachantworten, n=591)

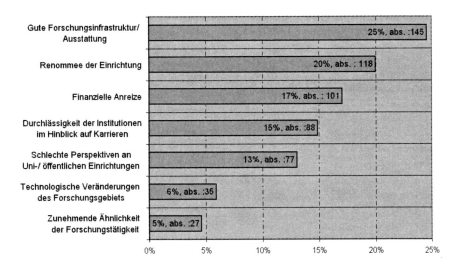

Eine detailliertere Auswertung unserer Daten zeigt, dass es unabhängig vom jeweiligen Sektor, in dem die befragten Wissenschaftlerinnen und Wissenschaftler heute arbeiten, die Aussicht auf eine gute Forschungsinfrastruktur bzw. Ausstattung der wichtigste Einzelfaktor für einen Wechsel ist. Die zweite Position ist hingegen nicht mehr einheitlich besetzt, hier ist bei Uni-Forschern das Renommee der Einrichtung ausschlaggebend, während es für Unternehmensangehörige erwartungsgemäß finanzielle Erwägungen sind, die einen Wechsel motivieren (Tabelle 55).

Tabelle 55: Förderliche Faktoren in der Einschätzung der drei Sektoren
(Mehrfachantworten möglich)

Förderliche Faktoren	Nennungen in der Gruppe der Unternehmensangehörigen	Nennungen in der Gruppe der Uni-Angestellten	Nennungen in der Gruppe der außer-universitären Forscher
Gute Forschungsinfrastruktur / Ausstattung	1. 41 (22%)	1. 57 (25%)	1. 47 (27%)
Finanzielle Anreize	2. 38 (20%)	4. 37 (16%)	3. 26 (15%)
Renommee der Einrichtung	3. 34 (18%)	2. 46 (20%)	2. 38 (22%)
Schlechte Perspektiven an Uni/ öffentlichen Einrichtungen	4. 29 (15%)	5. 30 (13%)	4. 18 (10%)
Durchlässigkeit der Institutionen im Hinblick auf Karrieren	5. 24 (13%)	3. 38 (17%)	3. 26 (15%)
Veränderungen des Forschungsgebiets	6. 13 (07%)	7. 10 (04%)	5. 12 (07%)
Zunehmende Ähnlichkeit der Forschungstätigkeiten privat/öff.	7. 10 (05%)	6. 11 (05%)	6. 06 (03%)
Gesamt (=100%)	*189 (100%)*	*229 (100%)*	*173 (100%)*

Die fett gedruckten Zahlen zeigen die Reihenfolge der Wichtigkeit in den einzelnen Sektoren an.

Bei den Durchschnittswerten über alle Sektoren (Abb. 17) befindet sich die Nennung „Renommee der Einrichtung" an zweiter Stelle. Dieser Faktor ist insbesondere bei den Universitäten (20 % aller Nennungen) und den außeruniversitären Forschern (22 % aller Nennungen) recht stark ausgeprägt. Bei den Unternehmensangehörigen ist das Renommee als Wechselfaktor mit 18 % jedoch schwächer ausgeprägt und rangiert erst auf Platz drei in der Wichtigkeitsskala.

Überraschend taucht der Faktor „Durchlässigkeit der Institutionen im Hinblick auf Karrieren" im Gesamtüberblick bereits auf Platz vier auf. Dies darf allerdings nicht so interpretiert werden, dass die Karrierewege nun in alle Richtungen kompatibel geworden wären. Vielmehr bezieht sich diese Aussage überwiegend auf Wechsel von Universitäten zu Unternehmen und - zu geringen Teilen - auf Wechsel von Universitäten zu außeruniversitären FuE-Einrichtungen. Ausdrücklich nicht betroffen von der zunehmenden Durchlässigkeit sind die Wechsel von Unternehmen zu Universitäten. Diese Tatsache wurde in den Interviews noch stärker betont als es in den Zahlen zum Ausdruck kommt.

Eine zunehmende Ähnlichkeit der Forschungstätigkeiten in den drei Sektoren betrachten insgesamt 5 % der Befragten als förderliche für intersektorale Wechsel. In dieser Aussage kommt zum Ausdruck, dass eine zunehmende Angleichung zwar durchaus gesehen wird, als entscheidende Motivationsquelle für einen persönlichen Wechsel wird sie aber nicht gesehen.

D-2 Hemmende Faktoren

Auch mögliche Hemmnisse für intersektorale Wechsel wurden abgefragt. Abbildung 18 zeigt die Ergebnisse für die acht vorgegebenen Antwortmöglichkeiten im Überblick. Insgesamt wurden „unsichere Jobaussichten/ Befristungen im Uni-Bereich" von den Befragten als wichtigstes Hemmnis für intersektorale Mobilität gewertet. Als zweitwichtigstes Wechselhemmnis wurden die Altersgrenzen genannt. Die hohen Werte für diese beiden Faktoren sind zum Teil auf die 12-Jahresregel im Hochschulrahmengesetz zurückzuführen. Die 12-Jahresregel wurde mit dem Wissenschafts-Zeitvertragsgesetz vom Januar 2007 relativiert und hat inzwischen die überfälligen Erleichterungen gebracht (vgl. Frank et al. 2007, S. 111f). Andererseits hat der neue Tarifvertrag des öffentlichen Dienstes (TVöD) neue Hürden für die Wissenschaftlermobilität aufgebaut. Der neue TVöD ist so angelegt, dass Wissenschaftlermobilität mit finanziellen Einbußen einhergeht und so Mobilität gewissermaßen bestraft wird. Beide Entwicklungen bilden sich in unserer Befragung noch nicht ab.

Abbildung 18: Hemmende Faktoren für intersektorale Mobilität (Perspektive der Personen, Mehrfachantworten, n=528)

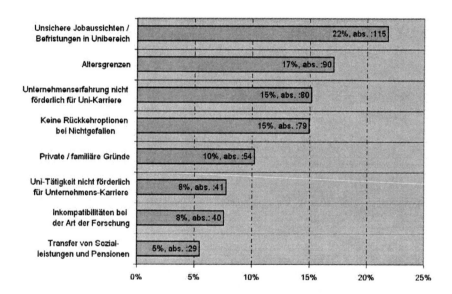

An dritter Stelle steht mit 15 % Zustimmung die Aussage, dass Unternehmenserfahrung nicht förderlich ist für eine Karriere an der Universität; ein Befund, der sich mit den Auswertungen aus der Perspektive der Wechsel (siehe Teil C, Abschnitt 5.1) deckt. Interessant ist die Kontrastierung mit der spiegelbildlichen Aussage, dass nämlich Tätigkeiten an der Universität nicht förderlich für eine Karriere im Unternehmensbereich seien: Hier stimmten insgesamt nur 8 % zu. Während sich also Tätigkeiten an der Universität für Unternehmenskarrieren auszahlen, ist dies umgekehrt nicht der Fall. Im Gegenteil, es kann davon ausgegangen werden, dass temporäre Anstellungen im Unternehmensbereich dazu führen, dass sich die Tür für eine Karriere im Unibereich schließt. Für hochmotivierte, wissenschaftlich orientierte Forscher, die langfristig das Ziel verfolgen, eine Professur zu erhalten, ist ein temporärer Seitenwechsel damit gewissermaßen ein KO-Kriterium. Dies gilt in noch stärkerem Maße für die Forscher in außeruniversitären Einrichtungen.

Auf Platz vier der hemmenden Faktoren folgt die Feststellung, dass es keine Rückkehroption bei Nichtgefallen gibt. Dabei hegen die drei Gruppen unterschiedlich große Bedenken hinsichtlich ihrer Fähigkeit, mit der jeweils gefragten Art der Forschung zurecht zu kommen. So stellt die „Inkompatibilität der Forschung" für Uni-Forscher ein größeres Hindernis dar zu wechseln (10 %) als für die Unternehmensangehörige (8 %). Noch geringer bewerten die außeruniversitären Forscher diesen Faktor und verweisen ihn mit 5 % auf den letzten Platz ihrer Liste der hemmenden Faktoren (Tabelle 56).

Tabelle 56: Hemmende Faktoren in der Einschätzung der drei Sektoren (Mehrfachantworten möglich)

Hemmende Faktoren	Nennungen in der Gruppe der Unternehmensangehörigen	Nennungen in der Gruppe der Uni-Angestellten	Nennungen in der Gruppe der außeruniversitären Forscher
Unsichere Jobaussichten / Befristungen in Unibereich	1. 36 (23%)	1. 46 (21%)	2. 33 (22%)
Altersgrenzen	4. 20 (13%)	3. 35 (16%)	1. 35 (23%)
Unternehmenserfahrung nicht förderlich für Uni-Karriere	3. 22 (14%)	4. 21 (10%)	3. 27 (18%)
Keine Rückkehroptionen bei Nichtgefallen	2. 25 (16%)	2. 37 (17%)	4. 17 (11%)
Private / familiäre Gründe, kein Ortswechsel gewünscht	3. 22 (14%)	6. 19 (09%)	5. 13 (09%)
Uni-Tätigkeit nicht förderlich für Unternehmens-Karriere	5. 15 (10%)	5. 15 (07%)	6. 11 (07%)
Inkompatibilitäten bei der Art der Forschung	6. 12 (08%)	4. 21 (10%)	7. 07 (05%)
Transfer von Pensionen und Sozialleistungen	7. 04 (03%)	7. 18 (08%)	7. 07 (05%)
Gesamt (=100%)	156 (100%)	222 (100%)	150 (100%)

„Private/familiäre Entscheidungsprozesse bzw. fehlende Bereitschaft zum Ortswechsel" sind von mittlerer bis hoher Bedeutung bei der Einschätzung der Hemmnisse für den Wechsel der Forschungsstätten. Bei den Unternehmensangehörigen ist dieser Grund auf Platz 3 (14 %) gleich auf mit der Überzeugung, dass Unternehmenserfahrung im Uni-Bereich nicht grundsätzlich von Vorteil ist. Bei den außeruniversitären Forschern kommen familiäre Gründe bzw. der Wunsch, nicht umziehen zu müssen, an 5. Stelle: 9 % aller Nennungen in dieser Gruppe fallen auf diesen Faktor. Bei den Universitätsangestellten rangieren familiäre bzw. Umzugsgründe noch weiter hinten und finden sich auf der Wichtigkeitsskala erst an 6. Stelle (ebenfalls 9 % aller Nennungen in dieser Gruppe), gefolgt nur noch von „Transfer von Pensionen und Sozialleistungen", die den letzten Platz (7. Platz mit 8 %) in der Hindernisliste der Uniforscher einnehmen. Dieses Ergebnis könnte mit der Auswahl der befragten Personen zusammenhängen. Bei den Personen, die über die bibliometrische Analyse identifiziert wurden, handelt es sich zum größten Teil um produktive und renommierte Wissenschaftler („star scientists"), bei denen eine starke Karriereorientierung unterstellt werden kann.

Interessanterweise wird in unserem Sample der Faktor „Transfer von Pensionen und Sozialleistungen" als geringstes Hindernis unter den angegebenen Faktoren angesehen. Relativ gesehen sind es die Universitätsangehörigen, die diesem Faktor mit 8 % noch den höchsten Wert zuweisen (Unternehmensangehörige: 3 %, FuE-Angehörige: 5 %). Dieser Befund steht im Gegensatz zu anderen Untersuchungen, die fehlende Transfermöglichkeiten von Sozialleistungen und Pensionsansprüchen und andere rechtliche Faktoren als Haupthemmnis für intersektorale Wechsel ausgemacht haben (z. B. Frank et al. 2007, S. 117). Unsere Ergebnisse bestreiten nicht die Wichtigkeit dieser Faktoren. Sie weisen vielmehr erneut darauf hin, dass in unserem Sample insbesondere solche Forscher vertreten sind, die eine hohe intrinsische Wissenschaftsmotivation aufweisen. Für sie sind Faktoren wie gute Laborausstattung, gutes Renommee der Forschungseinrichtung und andere direkt karrierebezogenen Aspekte von größerer Bedeutung.

Die vergleichende Gegenüberstellung der Antworten von Befragten mit und ohne Wechselerfahrung zeigt, dass beide Personengruppen „unsichere Jobaussichten/ Befristungen im Uni-Bereich" als wichtigstes Mobilitätshindernis sehen (Abbildung 19 und Abbildung 20).

Teil D: Förderliche und hemmende Faktoren für die intersektorale Mobilität

Abbildung 19: Hemmende Faktoren für Mobilität, angegeben von Wechslern (Mehrfachantworten, n=353)

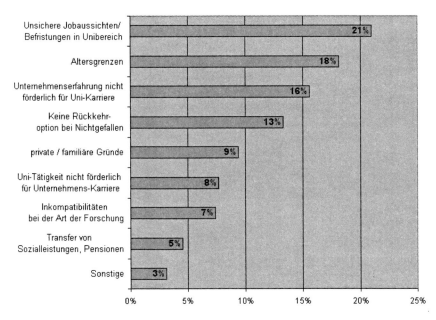

Abbildung 20: Hemmende Faktoren für Mobilität, angegeben von Immobilen (Mehrfachantworten, n=192)

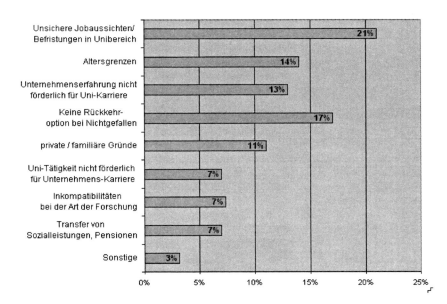

Aber bereits die zweite Position wurde unterschiedlich bewertet. Während es für die Nicht-Wechsler insbesondere die fehlenden Rückkehroptionen bei Nichtgefallen waren, sahen diejenigen, die über eigene Wechselerfahrung verfügten, dieses Problem lediglich auf Rang vier. Bei den Befragten mit Wechselerfahrung spielten die Altersgrenzen eine wichtigere Rolle. Dies bedeutet, dass Wissenschaftler, die bereits einmal gewechselt sind, das Risiko des Nichtgefallens durchweg geringer einschätzen als Personen, die noch nie gewechselt sind. Dieses Ergebnis wird auch von unseren weiteren Berechnungen bestätigt, wonach Personen, die einmal gewechselt sind, eine hohe Wahrscheinlichkeit haben, erneut das Risiko eines Wechsels einzugehen.

Teil E: Politische Programme zur Förderung intersektoraler Mobilität

E-1 Angaben und Einschätzungen der Befragten zum Thema politische Förderung der Wissenschaftlermobilität

In beiden Befragungswellen der Untersuchung (schriftliche Befragung und Interviews) wurden öffentliche Programme zur Förderung intersektoraler Mobilität ausdrücklich thematisiert. In der schriftlichen Befragung (Frage Nr. 20) wurde zunächst danach gefragt, ob und ggf. welche Programme zur Förderung des Wissenstransfers über Personen bekannt sind sowie, ob der Befragte bzw. die Befragte an einem dieser Programme selbst teilgenommen hat.

Lediglich zwölf Prozent (absolut: 21) der Befragten gab an, überhaupt ein staatliches Programm zur Förderung von Wissenschaftlermobilität zu kennen. Selbst teilgenommen an einem dieser Förderprogramme haben nur sechs Prozent (abs.: 11) der Befragten. Insgesamt wurden bei 33 Nennungen (Mehrfachnennungen möglich) zwölf unterschiedliche Fördermöglichkeiten angeführt. Von den drei zentralen Programmen zur Förderung intersektoraler Mobilität, die auf Bundesebene angeboten werden, wurde lediglich PRO INNO einmal erwähnt. Die meisten Nennungen bezogen sich auf Angebote, die internationale Mobilität unterstützen. So wurden Angebote der DFG (neun Nennungen) und des DAAD (sieben Nennungen) am häufigsten aufgezählt. Die übrigen Nennungen lauteten: Bundesministerium für Bildung und Forschung (4), EU (4), Alexander von Humboldt Stiftung (3), VW-Stiftung (2), Bayern Innovativ (1), European Molecular Biology Organization (1), Helmholtz Gesellschaft (1), NRW Wissenstransfer (1).

Eine offene Frage ermöglichte zudem die Abgabe einer Einschätzung über den Nutzen solcher Programme. Zusätzlich wurden die Teilnehmer aufgefordert, darzulegen, worauf sich staatliche Maßnahmen zur Förderung der Wissenschaftlermobilität konzentrieren sollten.

Insgesamt wurden nur wenige Angaben zur Nützlichkeit der Mobilitätsförderprogramme gemacht. In fünf Fällen wurde der Nutzen solcher Maßnahmen ausdrücklich bejaht, während zwei andere Befragte deutliche Zweifel darüber äußerten, ob die individuelle Wechselneigung von Wissenschaftlern durch Programme überhaupt beeinflusst werden könne. In drei weiteren Antworten wurde hingegen der Wunsch nach mehr Information über existierende Förderprogramme artikuliert.

Hinsichtlich der Gestaltung von öffentlichen Maßnahmen zur Förderung intersektoraler Wissenschaftlermobilität wurden knapp 60 Anmerkungen in unterschiedlichem Umfang gemacht. Dabei zeichneten sich zwei Hauptthemenbereiche deutlich ab, auf die sich politisches Handeln aus Sicht der Befragten vordringlich konzentrieren sollte: An erster Stelle – mit 15 Nennungen – stehen jene Aspekte, die im Zusammenhang mit den Vergütungsstrukturen in der öffentlich finanzierten Forschung stehen. So wurde die im Vergleich zur Privatwirtschaft unattraktive Besoldung an Hochschulen und Forschungseinrichtungen als ein zentrales Hindernis bezeichnet, um von der Industrie in die öffentliche Forschung zu wechseln. Auch die finanzielle und infrastrukturelle Ausstattung der universitären Forschung wurde bemängelt. Mit zwölf Nennungen an zweiter Stelle und thematisch ebenfalls auf die Bedingungen der öffentlich finanzierten Forschung abzielend liegen die Fragen rund um den Bereich der Befristungsregelungen. Als problematisch wurden insbesondere „starre Altersgrenzen" sowie unklare Perspektiven aufgrund kurzer Vertragslaufzeiten und unsicherer Anschlussbeschäftigung genannt.

Jenseits dieser eher allgemeinen hochschul- und forschungspolitischen Themenstränge hatten folgende Forderungen einen engeren Bezug zu den Austauschprozessen zwischen den Sektoren: Acht Befragte sprachen sich für eine Intensivierung und einen Ausbau von Kooperationen zwischen Universitäten und Industrie aus – sei es über entsprechende Forschungsförderungsinstrumente oder die Finanzierung von Netzwerkaktivitäten in Gestalt von Konferenzen, Reisemitteln etc. Einige Befragte forderten ferner Fortbildungsangebote in den Bereichen Personalführung und Projektmanagement, um Wissenschaftler aus Universitäten und öffentlich finanzierten Forschungseinrichtungen besser auf mögliche Tätigkeiten in einem Unternehmen vorzubereiten.

Auch in den vertiefenden Interviews wurden die Interviewpartner gebeten, eine Einschätzung der öffentlichen Unterstützungsmaßnahmen von Mobilität abzugeben und politischen Handlungsbedarf zu skizzieren. Unter den Interviewpartnern war die Skepsis gegenüber staatlichen Programmen zur Förderung intersektoraler Wissenschaftlermobilität deutlich ausgeprägter als es im Rahmen der schriftlichen Befragung zum Ausdruck kam. Die Zweifel an solchen Maßnahmen wurden überwiegend damit begründet, dass eine Wechselentscheidung der Eigeninitiative des Wissenschaftlers überlassen bleiben sollte. Zudem wurde befürchtet, dass Mobilitätsprogramme in ähnlicher Weise unterlaufen werden könnten, wie dies etwa bei vielen Frauenförderplänen oder Elternzeitprogrammen der Fall sei. Diese scheiterten insbesondere an der mangelnden Unterstützung seitens der jeweiligen Vorgesetzten.

Ungeachtet dessen schlugen die Interviewpartner eine Reihe von Maßnahmen vor, die aus ihrer Sicht dazu beitragen könnten, intersektorale Mobilität zu erhöhen. Wie bereits in der schriftlichen Befragung wurde auch hier mehrfach auf das Problem der Altersgrenzen des Hochschulrahmengesetzes und die im Vergleich zur Industrie niedrige Vergütung hingewiesen. Gefordert wurde zudem die Erleichterung von Beurlaubungen, um wechselbereiten Wissenschaftlern für eine begrenzte Zeit eine

Rückkehroption an die frühere Stelle zu garantieren. Ohnehin scheint die Unsicherheit darüber, ob eine wissenschaftliche Tätigkeit in einem anderen Sektor den eigenen Vorstellungen entspricht, ein wesentliches Hemmnis für intersektorale Mobilität zu sein. Entsprechend häufig wurden fehlende Rückkehrmöglichkeiten beklagt und ein möglicher Wechsel – meist verstanden als Wechsel in die Industrie – als „Einbahnstraße" charakterisiert. In diesem Zusammenhang wurde auch der Wunsch nach mehr Information über die Arbeits- und Forschungsbedingungen im Unternehmensbereich geäußert. Die Erleichterung von Beurlaubungen sollte zudem flankiert werden durch die Bereitstellung von Finanzmitteln für die entsendende Institution, die damit entstehende Ausfälle – etwa in der Lehre – kompensieren könnte. Personale Austauschprozesse zwischen den Sektoren könnten zudem verbessert werden durch die Schaffung attraktiver Betätigungsmöglichkeiten an Universitäten für Wissenschaftler, die im Unternehmenssektor arbeiten (z. B. mehr Stiftungsprofessuren und außerplanmäßige Professuren).

Teilweise skeptisch waren die Interviewpartner hingegen bei der Frage, ob Industrieerfahrungen auch formal als besondere Qualifikation für eine akademische Karriere anerkannt werden solle, also ob dies beispielsweise als ein Beurteilungskriterium in Berufungsverfahren aufgenommen werden sollte. So wurde angeführt, dass die formale Berücksichtigung von Unternehmenserfahrungen in Berufungsverfahren unter Umständen das Auswahlkriterium der wissenschaftlichen Exzellenz zugunsten von „Managementqualifikationen" verwässern könnte.

Zu den wenigen Aussagen der Befragten, die sich ausdrücklich auf Veränderungen im Unternehmenssektor bezogen, zählte die Forderung nach einer größeren Anerkennung von und Unterstützung bei akademischen Aktivitäten. So sei es wünschenswert, im Sinne eines verbesserten intersektoralen Austauschs, dass Unternehmen es ihren Wissenschaftlern erleichtern zu publizieren und an wissenschaftlichen Veranstaltungen teilzunehmen.

Werden die Kernaussagen der befragten Wissenschaftler zu den hemmenden Faktoren mit den politischen „Wünschen" verglichen, ergibt sich eine bemerkenswerte Übereinstimmung. Sowohl bei den zentralen Hindernissen intersektoraler Mobilität als auch mit Blick auf den politischen Handlungsbedarf standen die Beschäftigungsbedingungen der öffentlich finanzierten Forschung im Mittelpunkt. So hatten die Probleme der Altersgrenzen und der befristeten Arbeitsverträge in allen Befragungswellen eine prominente Stellung inne. Ebenfalls auf die regulativen Rahmenbedingungen der Universitäten und außeruniversitären Forschungseinrichtungen abzielend war die Forderung nach erleichterten Rückkehroptionen bzw. Beurlaubungen im Falle eines Wechsels. Auch dies deckte sich mit dem hohen Wert, den insbesondere die Nichtwechsler dem Wechselhemmnis „fehlende Rückkehrmöglichkeiten" zuwiesen (siehe Teil D, Abschnitt 2).

E-2 Darstellung ausgewählter Programme zur Förderung intersektoraler Mobilität

E-2.1 Vorbemerkung

Der „Seitenwechsel" von Wissenschaftlern zwischen öffentlicher Forschung und Forschung in Unternehmenskontexten ist nur ein Instrument des Wissens- und Technologietransfers unter vielen. Wie in Teil A Abschnitt 2.2 dargestellt wurde, reicht das Spektrum der Transfermechanismen von der gemeinsamen Nutzung teurer Laboreinrichtungen durch Universitäten und Unternehmen über wissenschaftliche Konferenzen für Interessenten aus der Industrie bis hin zum regelmäßigen Fluss von Universitäts-Absolventen in die Wirtschaft. Da sich die unterschiedlichen Transfermechanismen in der Realität nicht scharf voneinander abgrenzen lassen, können entsprechende Effekte auch nicht einem bestimmten Transferinstrument zugeordnet werden. Die Überlagerung führt letztlich dazu, dass eine Evaluierung im klassischen Sinne nicht möglich ist. Hinzu kommt, dass die Outcome-Dimension unscharf bleibt. Publikations- und Patentaktivitäten können zwar zahlenmäßig bestimmt werden, ihre Aussagekraft hinsichtlich der Leistungsfähigkeit des gesamten Systems bleibt allerdings begrenzt.

Vor diesem Hintergrund scheint sowohl die Gestaltung öffentlicher Fördermaßnahmen intersektoraler Mobilität als auch die Bewertung ihrer Effektivität und Effizienz schwierig. Allerdings gibt es verschiedene Ansätze, die auf unterschiedliche Weise intersektorale Mobilität unterstützen, wobei die verschiedenen Maßnahmen auf jeweils spezifische Bedingungen reagieren.

Im Folgenden wird es darum gehen, einen ersten Einblick in bestehende politische Fördermaßnahmen von intersektoraler Mobilität zu schaffen. Dabei sollen sowohl die strategische Ausrichtung, die Zielsetzungen und die generelle Funktionsweise der Instrumente dargestellt werden. Sofern entsprechende Studien zur Verfügung stehen, werden die verschiedenen Fördermaßnahmen mittels einer Sekundäranalyse bewertet. Eine systematische Evaluation kann aus den erwähnten Gründen jedoch nicht erfolgen.

Nach einer konzeptionellen Einordnung der Förderinstrumente werden einige der bekanntesten Mobilitätsprogramme in Deutschland, Europa und der EU vorgestellt. Für die Betrachtung werden jene Programme und Förderinstrumente ausgewählt, die explizit intersektorale Mobilität fördern – sei es als primäres Programmziel oder als ein Element. Andere Maßnahmen zur Förderung von Wissenstransfer (Kooperationen, Netzwerkbildung, Spin-offs usw.) werden lediglich am Rande thematisiert, etwa wenn ein unmittelbarer Zusammenhang zu personaler Mobilität besteht. Die Auswahl der Programme erhebt keinen Anspruch auf Vollständigkeit.

E-2.2 Prinzipielle staatliche Fördermöglichkeiten

Um politische Ziele bzw. bestimmte *outcomes* zu erreichen, stehen dem Staat vielfältige Mittel, Ressourcen, Methoden und Instrumente zur Verfügung. Die wissenschaftliche Politikfeldanalyse hat zwar zahlreiche Systematisierungen von Steuerungsinstrumenten entwickelt, eine allgemein anerkannte Typologie existiert indessen nicht. Zu den gängigsten Ordnungsvorschlägen, die jeweils unterschiedliche Abstraktionsgrade aufweisen und auf verschiedenen Kriterien beruhen, zählen u. a.:

- T. Lowis (1972) einflussreiche Differenzierung nach Policy-Arenen (eingeteilt in distributive, redistributive, regulative und selbst- bzw. sozialregulative Policies);

- R. Mayntz' (1982) Unterscheidung in regulative Programme, Anreizprogramme und Leistungsprogramme, die jeweils nach Wirkungsweise, administrativem Aufwand und Vollzugsproblemen untersucht werden;

- Kategorisierungen auf der Basis abstrakter Steuerungsprinzipien; etwa die häufig vorgenommene Unterscheidung nach Vorbild, Überzeugung/Aufklärung, Angebote, Anreize und Ge-/Verbote (vgl. Windhoff-Héritier 1987: 27ff.);

- Typologien, die auf dem Ausmaß des eingesetzten Zwangs beruhen (Selbstregulierung, Ermunterung, Ausgaben, Regulierung und Verstaatlichung), wie sie etwa von bei B. Doern und R. Phidd (1992: 97) vorgeschlagen werden;

- D. Braun und O. Giraud (2003: 149-156) schlagen ein mehrstufiges Differenzierungsschema vor, das zunächst zwischen der Sicherstellung öffentlicher Güter und der Beeinflussung gesellschaftlichen Handelns unterscheidet. Steuerungsinstrumente der ersten Kategorie werden sodann in die Unterkategorien staatliche Hoheitsrechte und staatliche Bereitstellung von Dienstleistungen sowie von materiellen wie immateriellen Gütern aufgeteilt. Einfluss auf gesellschaftliches Handeln übt der Staat über die Steuerungsinstrumente Regulierung, Finanzierung, Strukturierung sozialer Verhaltensarrangements und Überzeugung.

Zur Erfassung politischer Maßnahmen, mit deren Hilfe eine Erhöhung intersektoraler Wissenschaftlermobilität erreicht werden soll, ist eine Typologie angemessen, welche die gesamte Bandbreite an zur Verfügung stehenden Steuerungsformen umfasst. Dazu wird in Anlehnung an L. Pal (2006: 140-181) und unter Rückgriff auf Überlegungen von D. Braun und O. Giraud (2003: 151-156) eine Fünfer-Typologie zugrunde gelegt (Tabelle 57).

Einbezogen werden hierbei staatliche Aktivitäten, die darauf abzielen, (1) das Verhalten von Individuen, (2) politische, soziale oder ökonomische Rahmenbedingungen zu beeinflussen und/oder (3) öffentliche Dienstleistungen zu unterbreiten. Diese drei Ziele staatlicher Aktivitäten liegen dabei meist „quer" zu den einzelnen Steuerungsformen, da beispielsweise Verhaltensänderungen auf der individuellen Ebene von mehreren Instrumenten avisiert werden können. Zentrales Distinktionskriterium zwischen den fünf Instrumententypen sind qualitative Merkmale der Policy-Arten. Um die Differenzierung handhabbar zu halten und zugleich eine gewisse Trennschärfe zu gewährleisten, wird ein mittleres Abstraktionsniveau gewählt.

Tabelle 57: Grundlegende Typen von Steuerungsinstrumenten

Steuerungsarten	Beispiele
1. Überzeugung	Bereitstellung von Information, Appelle, politische Werbung, Argumentation.
2. Strukturierung/ prozedurale Steuerung	Institutionelle Teilhabemöglichkeiten, Entscheidungsverfahren.
3. Finanzierung	Gebühren, Steuern, Subventionen, Zuschüsse, Kredit.
4. Regulierung	Ge- und Verbote, Genehmigung, Anerkennung, Lizenzierung.
5. Vollzug durch staatliche Institutionen	Öffentliche Dienstleistungen, Dienstanweisungen, Auftragsvergabe/Beschaffungswesen, Vertragsbeziehungen/Kooperationen.

Grundsätzlich kann intersektorale Mobilität von Wissenschaftlern mittels aller fünf Steuerungsarten beeinflusst werden. Innerhalb der einzelnen Typen ist zu unterscheiden erstens zwischen Maßnahmen, deren ausdrückliches und primäres Ziel in der Steigerung personaler Mobilität zwischen den verschiedenen Sektoren liegt, und zweitens Aktivitäten, die intersektorale Austauschbeziehungen in ihrer Breite intensivieren sollen, wobei Wissenschaftlermobilität dann lediglich eine Komponente von vielen darstellt. Im ersteren Fall, im Folgenden als *direkte* bzw. *vertikale* Instrumente bezeichnet, steht somit lediglich eine Form der vielfältigen Austauschbeziehungen zwischen Wissenschaft und Industrie im Fokus, während *indirekte* bzw. *horizontale* Instrumente (z. B. Kompetenzzentren) die Kluft zwischen den Sektoren durch die Berücksichtigung einer größeren Bandbreite verschiedener Kanäle zu überbrücken versuchen.

Intensivierte Austauschbeziehungen zwischen Wissenschaft und Industrie sind kein Selbstzweck. Hinter sämtlichen öffentlichen Initiativen, die auf die Förderung von intersektoralem Wissenstransfer abzielen, steht die Erwartung, dass sich intensivierte Austauschbeziehungen positiv auf das Innovationsgeschehen auswirken und in der Folge die wirtschaftliche Dynamik erhöhen. Unterschiede werden indessen bei mittelbaren politischen Zielsetzungen deutlich. So sollen mit den Förderaktivitäten meist Wirkungen in einen von drei Bereichen erreicht werden:

- Strukturveränderungen in der öffentlich finanzierten Forschung,

- Steigerung von F&E-Aktivitäten in Unternehmen, insbesondere in KMU,

- Etablierung bzw. Intensivierung von Kooperationsstrukturen zwischen öffentlich finanzierter Forschung und der Industrie (vgl. European Commission 2001: 15f.).

Mit Blick auf die Entscheidung für die Auswahl und Verwendung von Steuerungsarten ist zu beachten, dass sie nicht allein von der Art des zu lösenden Problems oder der angestrebten Verhaltensänderung beeinflusst werden, sondern auch von ihrer Akzeptanz und Legitimität, die nicht zuletzt von den jeweils herrschenden Kontextbedingungen und den von einer Regierung bevorzugten Steuerungsprinzipen bestimmt werden (Pal 2006: 139ff.; Braun und Giraud 2003: 149).

E-2.3 Beispiele in Deutschland

Intersektorale Mobilität von Wissenschaftlern wird auf der Bundesebene vor allem durch drei Initiativen gefördert, die an jeweils unterschiedlichen Bereichen des Innovationssystems ansetzen. Alle drei Aktivitäten werden explizit in der Hightech-Strategie des Bundes erwähnt (BMBF 2006: 11-16).

PRO INNO
Mit dem Programm zur Förderung der Erhöhung der Innovationskompetenz mittelständischer Unternehmen (PRO INNO) versucht das Bundesministerium für Wirtschaft und Technologie (BMWi, vor Oktober 2005 BMWA) die Innovationskraft kleiner und mittlerer Unternehmen (KMU) zur Sicherung der internationalen Wettbewerbsfähigkeit zu verbessern und somit Wachstum und Beschäftigung positiv zu beeinflussen.[2] Die Entwicklung und Anwendung von zukunftsweisenden Technologien soll dabei vor allem über eine intensivierte Vernetzung mit anderen Unternehmen oder Forschungseinrichtungen im In- und Ausland angeregt und befördert werden. PRO INNO ist als branchen- und technologieübergreifendes Programm konzipiert, das den Unternehmen einen großen Entscheidungsfreiraum im Hinblick auf das Technologiefeld und die angestrebte Kooperationsform eröffnet. Da das Programm zahlreiche Dimensionen des Innovationsgeschehens sowie unterschiedliche Kanäle des intersektoralen Wissenstransfers in den Fokus nimmt, handelt es sich um ein indirektes Instrument.

Eine der vier förderfähigen Projektformen, die KMUs beantragen können, bezieht sich auf personale Mobilität. Hierbei kann sowohl die zeitweilige Entsendung von F&E-Personal von einem Unternehmen in ein anderes oder in eine Forschungsein-

---

[2] Das Mittelstandprogramm PRO INNO (Programm Innovationskompetenz mittelständischer Unternehmen) startete im Juni 1999; die Antragsphase wurde außerplanmäßig aufgrund der unerwartet hohen Nachfrage bereits im Oktober 2003 beendet. Das leicht modifizierte Nachfolgeprogramm PRO INNO II (Förderung der Erhöhung der Innovationskompetenz mittelständischer Unternehmen) sieht eine Laufzeit von April 2004 bis Dezember 2008 vor (Kulicke 2006).

richtung als auch die zeitlich begrenzte Aufnahme von Personal zur Durchführung eines F&E-Vorhabens finanziell gefördert werden. Die Personalkosten werden für drei- bis 24-monatige Aufenthalte bis zu einem maximalen Fördersatz von 50 Prozent der unternehmensseitigen Leistungen getragen.[3]

Die Bedeutung des Personalaustauschs im Gesamtprogramm nimmt indessen eine eher untergeordnete Stellung ein. So wurden im Rahmen von PRO INNO im gesamten Förderzeitraum (1999-2003) insgesamt 4.017 Projekte unterstützt, wovon lediglich 457 (11,4 Prozent) auf die Projektform Personalaustausch entfielen (Kulicke 2005: 33). Unter PRO INNO II ist dieser Anteil sogar deutlich gesunken und lag bis Ende 2005 nur noch bei etwa fünf Prozent aller geförderten Projekte (Kulicke 2006: 18).

Die breit angelegte Evaluation des Programms (Kulicke 2005, 2006; Lo et al. 2006) liefert Hinweise auf mögliche Ursachen des geringen Anteils der Personalaustauschförderung. Demnach hätten insbesondere die sehr guten Förderbedingungen für Kooperationen, in deren Rahmen die Kosten für die F&E-Beiträge von Forschungseinrichtungen unter bestimmten Bedingungen bis zu 90 Prozent ersetzt werden, die finanziellen Anreize der Projektform Personalaustausch vergleichsweise unattraktiv erscheinen lassen. Zudem seien die Forschungseinrichtungen aufgrund des erhöhten Zwangs zur Einwerbung von Drittmitteln gegenüber Kooperationen mit KMU deutlich aufgeschlossener. In den beiden Fallstudien zu den von PRO INNO geförderten Projekten, die den Personalaustausch beleuchten, wird indessen von ausgesprochen positiven Wirkungen der temporären Beschäftigung von F&E-Personal in den betroffenen Unternehmen berichtet. So habe der Personalaustausch zu einer erheblich beschleunigten Technologieentwicklung sowie zum Ausbau der innerbetrieblichen fachlichen Kompetenzen beigetragen und nicht zuletzt kreative Impulse ausgelöst (Lo et al. 2006: 145-152).

Seitenwechsel auf Zeit
Aus dem Innovationsrat „Partner für Innovation", der von der Bundesregierung zusammen mit deutschen Großunternehmen und Forschungsinstitutionen im Januar 2004 ins Leben gerufen wurde, ist 2005 die so genannte Pionieraktivität „Seitenwechsel auf Zeit" hervorgegangen.[4] Ausgangspunkt der Initiative war die Perzeption der Akteure, dass in Deutschland die Durchlässigkeit für sektorübergreifende Karrieren niedrig sei. Die Aufweichung der starken Versäulung von Wissenschaft, Wirtschaft und Verwaltung würde dazu beitragen, Prozesse des Wissenstransfers

---

[3] Angaben des Projektträgers Arbeitsgemeinschaft industrieller Forschungsvereinigungen „Otto von Guericke" e.V. (AiF), siehe: http://www.forschungskoop.de/10_proinno/10_p.htm (letzter Zugriff: 21.07.2007).

[4] Für weitere Informationen siehe http://www.innovationen-fuer-deutschland.de/projekte_detail.php?klasse=6&oid=420 (letzter Zugriff 22.07.2007).

zwischen den Sektoren, des „Voneinanderlernens" zu verbessern und somit die Innovationskultur insgesamt zu befördern, so die Argumentation der Initiatoren. „Seitenwechsel auf Zeit" ist kein Förderprogramm, das über finanzielle Anreize Verhaltensänderungen hervorrufen möchte, sondern versucht durch positive Beispiele, Werbeaktivitäten und Informationsbereitstellung die Adressaten zum Nachahmen anzuregen und in der Folge mehr Aufmerksamkeit für das Thema intersektorale Mobilität zu erzeugen. Darüber hinaus beinhaltet es Selbstverpflichtungen von Behörden, Forschungseinrichtungen und großer Unternehmen, zeitlich begrenzten Austausch von Mitarbeitern zu ermöglichen. Bislang wurden einige Vorzeigeaktivitäten durchgeführt, an denen sich unter anderem das Bundesministerium des Innern, die Fraunhofer-Gesellschaft, die Deutsche Bank, DaimlerChrysler, BASF und Volkswagen beteiligen (vgl. Höfer/Wengel 2005: 24) und die auch in den Medien auf eine gewisse Resonanz stießen (z. B. Poganatz 2005). Über diese Vorzeigeprojekte hinaus sind bisher keine weiteren Auswirkungen der Initiative bekannt geworden.

Wettbewerb „Austauschprozesse"
Das Bundesministerium für Bildung und Forschung (BMBF) hatte 2006 in Zusammenarbeit mit dem Stifterverband für die Deutsche Wissenschaft den Wettbewerb „Austauschprozesse zwischen Hochschulen und Unternehmen" ausgelobt.[5] Der Wettbewerb, dessen erste Ausschreibung im Dezember 2006 auslief, prämiert Projekte von Universitäten und Fachhochschulen, die zu einer zielorientierten Kooperation von Unternehmen und Hochschulen beitragen. Damit soll der Wissens- und Technologietransfer verbessert und professionalisiert werden. Zu den Formen der Zusammenarbeit zwischen den beiden Sphären, die unterstützt werden sollen, werden explizit der Austausch von Ideen, Forschungsergebnissen, Ressourcen, Dienstleistungen und Personen genannt. Von den Projektanträgen wurde seitens der Initiatoren eine sinnvolle Einbettung in ein tragfähiges Transferkonzept der Hochschule erwartet. Insgesamt wurden im April 2007 fünf besonderes Erfolg versprechende Projekte ausgezeichnet, die jeweils mit € 250 000 gefördert werden.[6]

Ähnlich wie bei den Programmen PRO INNO und „Seitenwechsel auf Zeit" wird auch der Wettbewerb Austauschprozesse damit begründet, dass das Innovationsgeschehen durch verbesserte wechselseitige Austauschbeziehungen zwischen Wissenschaft und Wirtschaft befördert werden kann.

Parallel zum Wettbewerb erstellte der Stifterverband einen Bericht zu den Erfolgsfaktoren für Wissenschafts-Wirtschafts-Kooperationen. Nach Vorbild des britischen

---

5 Für weitere Informationen siehe http://www.austauschprozesse.de und http://www.ideen-zuenden.de/de/305.php (letzte Zugriffe 22.07.2007).

6 Die Preise gingen an Hochschulen in Dresden, Leipzig, Lübeck, Münster und München; ein Sonderpreis in Höhe von € 100 000 erhielt die Filmhochschule München (http://www.austauschprozesse.de/cms/front_content.php?idart=22; letzter Zugriff: 22.07.2007).

Lambert Review of Business-University Colaboration (Lambert 2003) wurde dazu eine Expertenkommission eingesetzt, die Defizite in den Kooperationsstrukturen identifizieren und Handlungsempfehlungen für eine verbesserte Zusammenarbeit von Hochschulen, Forschungseinrichtungen und Unternehmen entwickeln sollte. Dieser Expertenbericht (Frank et al. 2007) wurde im Mai 2007 in Berlin vorgestellt.[7] Wie bereits der Titel „Innovationsfaktor Kooperation" signalisiert, werden in diesem Bericht zahlreiche Vorschläge formuliert, die zu einer Intensivierung der Zusammenarbeit zwischen öffentlich finanzierten Hochschulen und Forschungseinrichtungen auf der einen und Unternehmen auf der anderen Seite beitragen sollen. Die insgesamt deutlich auf die Verwertungsinteressen der Industrie ausgerichteten Empfehlungen reichen von der Reform der öffentlichen Netzwerk- und Kooperationsförderung, die Stärkung der Dienstleistungsorientierung der Technologietransferstellen, über die Entwicklung von Modellverträgen für intersektorale Kooperationsprojekte bis hin zu Reformen der dienstrechtlichen Rahmenbedingungen für Hochschullehrer und Mitarbeiter in Forschungseinrichtungen.

E-2.4 Beispiele in ausgewählten Ländern Europas

Dänemark
In Dänemark wurden in den zurückliegenden Jahren verschiedene Initiativen auf den Weg gebracht, um intersektorale Wissenschaftlermobilität zu erhöhen. So wurde es beispielsweise Wissenschaftlern öffentlich finanzierter Institute erleichtert, für einen begrenzten Zeitraum in einem anderen Kontext zu arbeiten (Graversen 2004: 11). Mit den sogenannten industriellen Doktorandenstipendien wird eine enge Zusammenarbeit zwischen Universitäten und Unternehmen angestrebt.[8] Im Rahmen einer dreijährigen Förderung verbringen die Doktoranden die Hälfte der Promotionszeit in einem Unternehmen, die andere Hälfte der Zeit an der Universität. Die empfangenden Firmen beteiligen sich mit 65 Prozent an der Finanzierung der Studierenden, die restlichen 35 Prozent bestehen aus staatlichen Mitteln (European Commission 2001: 13).

Finnland
Innerhalb der finnischen Forschungsförderung wird intersektoralen Austauschprozessen eine hohe Bedeutung für Innovationsprozesse beigemessen (vgl. Academy of Finland 2005). Der Schwerpunkt der finnischen Förderaktivitäten liegt auch hier auf der Verbesserung von intersektoralen Kooperationen, während die Mobilität von Wissenschaftlern eher eine untergeordnete Rolle zu spielen scheint.

---

7 Nähere Angaben siehe http://www.austauschprozesse.de/cms/front_content.php?idcat=4 (letzter Zugriff 22.07.21007).

8 Siehe http://www.atv.dk/atveng/andet/EFU-presentation.html.

Abgesehen von Fördermaßnahmen, die Teil der öffentlich finanzierten Doktorandenförderung sind, betreibt die Finnische Akademie, die im finnischen Forschungsförderungssystem für die Grundlagenforschung zuständig ist, ein Programm zur Förderung intersektoraler Wissenschaftlermobilität. Adressaten sind promovierte Angestellte, die in einem Unternehmen oder in der öffentlichen Verwaltung arbeiten und bis zu einem Jahr an einer Universität oder Forschungseinrichtung tätig sein möchten. Die öffentliche Finanzierung umfasst die Gehaltskosten des Wissenschaftlers bis zu einer maximalen von Höhe von € 97 000 per annum. Empfänger der Förderung ist die entsendende Institution.[9]

Frankreich
In Frankreich wird vor allem die intersektorale Mobilität von Doktoranden gefördert. So sind erst kürzlich die Mittel für die CIFRE-Stipendien (Conventions Industrielles de Formation par la Recherche)[10] aufgestockt worden (European Commission 2006a: 29). Mit der CIFRE-Förderung wird ein Großteil der Personalkosten der Promovenden, die den empfangenden Unternehmen entstehen, subventioniert.

Um den intersektoralen personalen Austausch zu erleichtern, wird es künftig für die wissenschaftlichen Mitarbeiter öffentlicher Forschungseinrichtungen und Mitglieder des akademischen Lehrkörpers einfacher, ihre Arbeitszeit im öffentlichen Sektor zu reduzieren, um eine Teilzeitstelle in einem Unternehmen annehmen zu können. Umgekehrt sollen für Führungspositionen in öffentlichen Institutionen verstärkt Personen aus dem Unternehmenssektor rekrutiert werden (European Commission 2006a: 30).

Niederlande
In den Niederlanden wird intersektorale Mobilität von Wissenschaftlern durch das 2004 initiierte Programm Casimir unterstützt. Mit der Maßnahme sollen die Karrierewege von Wissenschaftlern beider Sektoren attraktiver, die Erfahrungshorizonte breiter und der Wissensaustausch intensiver werden. Letztlich steht auch hier das Ziel im Mittelpunkt, vorhandenes Wissen durch Zirkulation und die Stärkung von Netzwerken besser zu nutzen. Anträge auf Förderung müssen gemeinsam von einem Wissenschaftler, einer wissenschaftlichen Institution und einem Unternehmen gestellt werden. Die Fördermittel, die maximal €100.000 je Wissenschaftler

---

[9] Siehe die englische Website-Version der Finnischen Akademie http://www.aka.fi/, Rubrik „Forms of Funding", Unterrubrik „Intersectoral research cooperation".

[10] CIFRE wird seit 1981 von l'Association Nationale de la Recherche Technique (ANRT) im Auftrag des Forschungsministeriums angeboten (siehe http://www.anrt.asso.fr/fr/espace_cifre/mode_emploi.jsp?index=2, letzter Zugriff 22.07.2007).

betragen, dürfen ausschließlich für die entstehenden Personalkosten verwendet werden.[11]

Polen
Im Jahre 2005 verabschiedete die polnische Regierung drei Programme zur Förderung von Mobilität von Wissenschaftlern. Mit einem dieser Programme wird beabsichtigt, den Anteil wissenschaftlichen Personals im Unternehmenssektor auf das EU-Niveau zu heben. Das Finanzierungsangebot richtet sich an Unternehmer, die Wissenschaftler, die an öffentlich finanzierten Forschungsinstituten beschäftigt sind, zur Durchführung von F&E-Projekten im Unternehmen einstellen möchten. Die Förderung wird für Personal- und Fortbildungskosten gewährt; die maximale Dauer der Unterstützung beträgt drei Jahre (European Commission 2006a: 17).

Portugal
Die portugiesische Innovationsagentur Agência de Inovação[12] bietet mehrere Förderlinien an, die intersektorale Mobilität unterstützen. So zielt das Programm deGrau Cientifico[13] darauf ab, wissenschaftliche Karrieren im Unternehmenssektor zu fördern. Ein weiteres Programm – Nucleos de I&DT nas Empresas[14] – unterstützt den Aufbau von Forschergruppen und F&E-Abteilungen Unternehmen. Inov Jovem[15] schließlich unterstützt die Rekrutierung junger Wissenschaftler und Techniker durch KMUs (European Commission 2006a: 31).

Slowakei
Im Rahmen der Innovationsinitiative Minerva, die vom slowakischen Finanzministerium initiiert wurde, ist geplant, ein Instrument zu schaffen, das explizit den personalen Wechsel zwischen den Universitäten und Akademien der Wissenschaft auf der einen und dem Unternehmenssektor auf der anderen Seite zu unterstützen (European Commission 2006a: 31).

Spanien
Mit der im Jahre 2005 geschaffenen Initiative CENIT (Consorcios Estratégicos Nacionales de Investigación Técnica)[16] wird angestrebt, die Austauschprozesse zwischen öffentlich und privat finanzierter Forschung zu verbessern. Eines der drei

---

[11] Nähere Angaben zum Programm Casimir siehe
http://www.nwo.nl/subsidiewijzer.nsf/pages/NWOP_69GLQX_Eng?Opendocument, letzter Zugriff: 22.07.2007.

[12] Siehe http://www.adi.pt/index.html.

[13] Siehe http://www.degraucientifico.pt.

[14] Siehe http://www.adi.pt/Nitec.htm.

[15] Siehe http://www.inovjovem.gov.pt/presentationlayer/primeinov_Home_00.aspx.

[16] http://www.ingenio2010.es/instrumentos/cenit.html#.

Hauptinstrumente der Initiative ist das Programa Torres Quevedo[17]. Firmen und Technologiezentren können öffentliche Mittel beantragen, mit denen die Personalkosten zur Durchführung von F&E-Projekten subventioniert werden. Ziel ist es, den Anteil wissenschaftlichen Personals in Unternehmen zu steigern (European Commission 2006a: 31).

Vereinigtes Königreich
Zu Beginn des Jahrzehnts sind Wissenschafts-Industrie-Beziehungen im Vereinigten Königreich seitens der Regierung stärker in den Fokus gerückt. Um das Themenfeld auszuleuchten und Defizite zu beheben, gab das Finanzministerium zusammen mit dem Bildungs- und dem Industrieministerium 2002 eine entsprechende Studie in Auftrag. Der 2003 veröffentliche und auch in Deutschland rezipierte Lambert Review (Lambert 2003) identifizierte die geringe Forschungsintensität im britischen Unternehmenssektor als erhebliche Schwäche gegenüber vergleichbaren Volkswirtschaften. Der Bericht präsentiert zahlreiche Empfehlungen, wie die F&E-Aktivitäten in Unternehmen gesteigert und die Kooperation von universitärer Forschung und Unternehmen verbessert werden können. Insbesondere wird vorgeschlagen, die Sichtweisen der Unternehmen stärker in die Entscheidungsprozesse der Universitäten – etwa durch eine erhöhte Repräsentation von Unternehmensvertretern in Gremien – einzubinden sowie die Transferaktivitäten der regionalen Förder- und Entwicklungsagenturen zu intensivieren. Aspekte der intersektoralen Mobilität werden im Lambert Review als eine Form des Wissenstransfers zwar berücksichtigt, allerdings genießt diese Form der Austauschbeziehungen einen eher geringen Stellenwert. In diesem Zusammenhang wird beispielsweise gefordert, bei der Beschäftigung von universitären Lehrbeauftragten, die hauptberuflich in der Industrie tätig sind, auf die obligatorischen Didaktikunterweisungen zu verzichten.

Unabhängig davon existieren im Vereinigten Königreich verschiedene Angebote, mit denen intersektorale Mobilität unterstützt wird. Neben einem Förderprogramm des Wirtschaftsministeriums werden zahlreiche Finanzierungsmöglichkeiten von Fachvereinigungen, Stiftungen und öffentlichen Förderagenturen zur Verfügung gestellt, um den temporären Aufenthalt von Wissenschaftlern in Unternehmen zu ermöglichen.[18]

---

17 http://www.ingenio2010.es/instrumentos/torres_quevedo.html.

18 Zu den bekanntesten nicht-staatlichen Anbietern von Förderungen befristeter Aufenthalte von Wissenschaftlern in Unternehmen zählen das National Endowment for Science, Technology and the Arts (NESTA) und die Royal Academy of Engineering. Weitere Förderangebote werden zudem von den öffentlichen Förderinstitutionen Engineering and Physical Sciences Research Council (EPSRC) sowie dem Biotechnology and Biological Sciences Research Council (BBSRC) unterbreitet.

Das Britische Wirtschaftsministerium (Department of Trade and Industry), welches für das Gros der öffentlichen Forschungsförderung zuständig ist, unterstützt intersektoralen Wechsel von Wissenschaftlern durch sogenannte Knowledge Transfer Partnerships (KTP).[19] Im Rahmen des Programms können Wissenschaftler aus Universitäten und Forschungseinrichtungen für begrenzte Zeit an Unternehmen wechseln, um diese bei der Durchführung von F&E-Projekten zu unterstützen. Die Förderrichtlinien sehen vor, dass ein interessiertes Unternehmen zunächst Kontakt mit einem geeigneten Wissenschaftler aufnimmt und mit diesem gemeinsam einen Projektantrag entwickelt, der gegebenenfalls vom Ministerium genehmigt wird. Die Fördergelder werden an die jeweils entsendende Institution ausgezahlt, um einen Teil der entstehenden Personalausfälle kompensieren zu können – etwa zur Bezahlung von Ersatzdozenten; die restlichen Mittel werden vom empfangenden Unternehmen aufgebracht.

Neben diesem Programm des Wirtschaftsministeriums wird intersektorale Mobilität in Großbritannien häufig auch durch die Transferbüros der Universitäten aktiv unterstützt. Im Vordergrund dieser dezentralen Aktivitäten stehen dabei meist Informations-, Beratungs- und Vermittlungsangebote. Dabei werden Wissenschaftler, die einen zeitweiligen Wechsel an ein Unternehmen anstreben, in administrativen und vertraglichen Fragen – etwa im Hinblick auf *intellectual property rights* – betreut.

E-2.5   Beispiele auf EU-Ebene

Europäische Union
Fortbildung und Mobilität von Wissenschaftlern sind seit geraumer Zeit feste und expandierende Bestandteile der EU-Forschungsrahmenprogramme (Hauknes und Ekeland 2002: 6). Und auch mit Blick auf die European Research Area (ERA) wurde die Steigerung der intersektoralen Mobilität sogar ausdrücklich als Ziel benannt (European Commission 2000: 26f.). So wurde 2001 eine Steuerungsgruppe eingesetzt, um die unterschiedlichen nationalen Aktivitäten zur Förderung von Wissenschaftlermobilität zu koordinieren.[20] Die zentralen Erkenntnisse und praktischen Forderungen der Steuerungsgruppe wurden 2006 zusammengefasst. Neben Empfehlungen zur Reform der Ausbildung von Nachwuchswissenschaftlern und der administrativen Rahmenbedingungen in der öffentlich finanzierten Forschung, zählt die Erhöhung der Anerkennung und Wertschätzung personaler Wechsel zu den wichtigsten Vorschlägen der Kommission (siehe European Commission 2006b).

---

[19] Nähere Angaben siehe http://www.ktponline.org.uk (letzter Zugriff 22.07.2007).

[20] Nähere Angaben zur Steering Group on Human Resources and Mobility (HRM) in the European Research Area (ERA) siehe http://ec.europa.eu/transparency/regexpert/ detail.cfm?ref=701&l=S (letzter Zugriff 22.07.2007).

Das zentrale Förderprogramm der EU im Bereich Fortbildung und Mobilität von Wissenschaftlern sind die Marie-Curie-Aktivitäten. Von den zahlreichen Förderkategorien von Marie Curie, die während des 6. Forschungsrahmenprogramms angeboten wurden, zielten insbesondere die sogenannten host fellowships for the transfer of knowledge (TOK) auf die Unterstützung intersektoraler Mobilität ab. Adressaten der Förderung waren Universitäten, Forschungseinrichtungen und Unternehmen, die sich in einem bestimmten Bereich neue Kompetenzen durch den Austausch von Wissenschaftlern aneignen wollten (European Commission 2006c: 16-19). Die Mobilitätsmaßnahmen, die im Rahmen der Marie-Curie-Aktivitäten angesiedelt sind, werden auf der Arbeitsebene der Kommission momentan fortgeschrieben (vgl. European Commission 2007).

E-2.6 Zusammenfassung

Die Mehrzahl der hier dargestellten öffentlichen Maßnahmen zur Förderung von intersektoraler Wissenschaftlermobilität greift auf finanzielle Steuerungsarten zurück. Bei diesen Mobilitätsprogrammen werden in der Regel die Personalkosten subventioniert, die einem Unternehmen bei der befristeten Aufnahme eines Wissenschaftlers entstehen. Angestrebt wird dadurch zumeist eine Steigerung von F&E-Aktivitäten im Unternehmenssektor. Bei einigen Programmen – so im Falle der finnischen Mobilitätsförderung und der britischen Knowledge Transfer Partnerships – erhalten die entsendenden Institutionen finanzielle Unterstützung, um die durch einen zeitweiligen Personalwechsel entstehenden Ausfälle ausgleichen zu können. Damit sollen die Rahmenbedingungen für Wissenschaftler, die einen befristeten intersektoralen Wechsel anstreben, verbessert werden.

Weiterhin wurden Mobilitätsinitiativen identifiziert, die auf nicht-finanziellen Steuerungsinstrumenten basieren. So wird in Deutschland mit dem Programm „Seitenwechsel auf Zeit" versucht, intersektoralen Wechsel einerseits durch verschiedene Werbemaßnahmen (Überzeugung) und andererseits durch die aktive Mitwirkung von Ministerien (Vollzug durch staatliche Institutionen) zu befördern.

In Frankreich und Dänemark sind zudem rechtliche Rahmenbedingungen für Mitglieder des öffentlichen Dienstes mit dem Ziel geändert worden, intersektoralen Wechsel zu erleichtern (Regulierung). Maßnahmen, die auf prozeduraler Steuerung basieren, wie sie etwa vom deutschen Wissenschaftsrat mit Blick auf eine Reform der universitären Berufungsverfahren auch mit Ziel des Abbaus der „Versäulung" des deutschen Wissenschaftssystems angeregt wurden (vgl. Wissenschaftsrat 2005: 54f.), sind nicht identifiziert worden.

E-3 Schlussfolgerungen

Setzt man die wesentlichen Charakteristika der dargestellten Fördermaßnahmen in Beziehung zu den Aussagen der befragten Wissenschaftler hinsichtlich hemmender und förderlicher Faktoren für intersektorale Mobilität, so lässt sich zunächst feststellen, dass in den speziellen Programmen grundsätzlich die richtigen Problemfelder adressiert werden. Hierzu zählt die Beseitigung von Informationsdefiziten, die Schaffung von Vorbildern und die teilweise Übernahme von Kosten, die der entsendeten Organisationen durch den temporären Wechsel entstehen.

Auf der anderen Seite gibt es keine inhaltliche und organisatorische Verbindung zwischen den speziellen Programmen zur Förderung der Mobilität und den allgemeinen hochschul- und wissenschaftspolitischen Maßnahmen. Hierbei handelt es sich um ein Defizit, das insbesondere für Deutschland konstatiert werden muss. In unserer Untersuchung hat sich deutlich gezeigt, dass hochschulpolitische Maßnahmen wie z. B. die (relativierte) 12-Jahresregelung des Hochschulrahmengesetzes (HRG), starre Altersgrenzen bei der Berufung von Professoren oder unflexible Entlohnungssysteme in der öffentlichen Forschung Barrieren für die Mobilität aufbauen, die durch spezielle Programme nicht beseitigt werden können. Der erklärte politische Wille zur Förderung von Wissenschaftlermobilität steht damit allzu oft quer zur praktischen Umsetzung allgemeiner wissenschaftspolitischer Maßnahmen. Die allgemeinen Maßnahmen folgen ihren eigenen Rationalitäten; sie sollen Einsparungen realisieren, Ausbildungszeiten verkürzen, Kompetenzen bündeln usw. Die Auswirkungen dieser Maßnahmen auf die Motivation von Wissenschaftlern, zwischen Wissenschaftsorganisationen hin- und herzuwechseln, stehen dabei meist nicht zur Diskussion. Oft sind es allerdings genau diese Rahmenbedingungen, die die Wechselneigung beeinflussen. So „bestraft" z. B. der neue Tarifvertrag des öffentlichen Dienstes (TvöD) Wechselaktivitäten geradezu, weil die Anrechnung von Zeiten der Vorbeschäftigung deutlich erschwert wurde. Für viele potenzielle Wechsler würde ein tatsächlicher Wechsel heute handfeste finanzielle Einbußen mit sich bringen.

Vor diesem Hintergrund liegt die Vermutung nahe, dass die Effektivität großer und möglicherweise auch finanziell entsprechend ausgestatteter Förderprogramme in Deutschland gering sein dürfte, solange die identifizierten Mobilitätsbarrieren – insbesondere die Altersgrenzen des HRG, Befristungen und die Inflexibilität der öffentlich-rechtlichen Dienstverhältnisse – auf Seiten der öffentlich finanzierten Forschung nicht deutlich abgesenkt werden. Auf Seiten des Bundes kann indessen lediglich ein Teilbereich (Stichwort: HRG) unmittelbar beeinflusst werden; die Ausgestaltung der Vertrags- und Arbeitsbedingungen für die Wissenschaftler ist bekanntlich meist Ländersache bzw. obliegt den Universitäten und Forschungseinrichtungen selbst.

Neben der Vielzahl von Wissenschaftlern, die durch solche Regelungen und andere rechtliche Hürden von einem tatsächlichen Wechsel abgehalten werden, gibt es eine kleine Gruppe von Wissenschaftlern, deren Wechselneigung neben diesen Faktoren stark von wissenschaftsimmanenten Motiven bestimmt wird. Dabei handelt es sich um die so genannten Star Scientists, die in unserer Untersuchung die Mehrzahl der Befragten darstellt. Für sie sind es insbesondere karriere- und erkenntnisbezogene Faktoren, die Wechsel initiieren bzw. verhindern. Für diese Personengruppe sind Wechsel in die Wirtschaft oft mit Karrierebrüchen verbunden oder zumindest mit schlechtern Aussichten auf die Erlangung einer Universitätsprofessur. An dieser Stelle setzen Programme wie „Seitenwechsel auf Zeit" die richtigen Akzente, indem sie Vorbilder schaffen und den intersektoralen Wechsel als Voraussetzung für eine erfolgreiche Karriere propagieren. Trotzdem lassen sich auch bei den speziellen Programmen zur Förderung intersektoraler Mobilität Verbesserungen denken.

Zunächst ist auf Seiten der Wissenschaftler ein zweifaches Informationsdefizit zu konstatieren: Zum einen sind die Mobilitätsförderprogramme vielen Wissenschaftlern nicht bekannt. Um den Erfolg künftiger Maßnahmen in diesem Bereich zu erhöhen, scheint es sinnvoll, auch entsprechende Informationsangebote zielgruppenadäquat zur Verfügung zu stellen. Zum anderen herrscht unter den Wissenschaftlern der öffentlich finanzierten Forschung, die bisher noch keinen intersektoralen Wechsel vollzogen haben, Unsicherheit darüber, welche Arbeits- und Forschungsbedingungen in der industriellen F&E vorherrschen. Dieser Informationsmangel stellt zugleich eine wichtige Wechselbarriere dar. Darüber hinaus scheint der Ausbau eines professionellen Beratungsangebots auf der Ebene der Forschungseinrichtungen und Universitäten, das Unterstützung bei Vertragsverhandlungen mit der empfangenden Institution gewährleistet, wünschenswert (vgl. auch Frank et al. 2007: 18f.). Ein solches dezentral organisiertes Beratungssystem hat sich beispielsweise in Großbritannien bewährt.

Neben der Verbesserung des Informationsangebots für interessierte und grundsätzlich wechselbereite Wissenschaftler könnte die Erleichterung zeitlich beschränkter Aufenthalte in einem anderen Sektor zur Steigerung der intersektoralen Wechselquote führen. Da insbesondere die fehlenden Rückkehroptionen bei einem beruflichen Wechsel beklagt wurden, scheinen Maßnahmen sinnvoll, die Beurlaubungen unterstützen. Flankiert werden könnten solche Möglichkeiten zudem durch Finanzierungsmodelle, die vor allem zugunsten der entsendenden Institution eingesetzt werden. Organisationsinterne Widerstände gegenüber einem zeitlich begrenzten Wechsel – etwa aufgrund personeller Engpässe – könnten dann eher überwunden werden. Ein weiterer Vorteil einer zeitlich begrenzten Aufenthaltsdauer könnte zudem darin liegen, dass sich die Chancen für eine intersektorale Zirkulation von Wissen sowie einem mehrstufigen bi-direktionalen Austauschprozess erhöhen.

Teil F: Zusammenfassung und wissenschaftspolitische Anknüpfungspunkte

Die Untersuchung hat gezeigt, dass Wissenschaftlermobilität zwischen Universitäten, außeruniversitären Instituten und Unternehmen einen wichtigen Beitrag zur Generierung neuen Wissens leistet und dass ihr eine besondere Rolle im Spektrum der verschiedenen Mechanismen des Wissens- und Technologietransfers zukommt. Wissenschaftler, die in verschiedenen Bereichen Erfahrungen gesammelt haben, sind kreativer, können Wissen besser in Anwendungen umsetzen und tragen so zur Leistungsfähigkeit des Gesamtsystems bei.

Während die Befragten in den Interviews fast durchweg der Meinung waren, dass sich der persönliche Wechsel durch nichts ersetzen ließe, zeigen unsere Auswertungen der Fragebögen ein differenzierteres Bild: Nimmt man allein die Anzahl der Publikationen als Indikator für den Transfererfolg, so zeigt sich, dass gemeinsame, öffentlich finanzierte Forschungsprojekte noch knapp vor dem persönlichen Wechsel rangieren. Gemeinsame Forschungsprojekte mit Beteiligung der Universität, anderen FuE-Instituten und Unternehmen können demnach einen Teil der in Deutschland als verbesserungswürdig diagnostizierten Personenmobilität auffangen, wenn nicht gar ersetzen. Anders sieht es aus, wenn man die Anzahl der Patente als Erfolgsindikator verwendet: Hier zeigt sich in der Tat, dass es keine effektivere Transferform als den persönlichen Wechsel gibt.

Für die Wissenschaftspolitik könnte dies zweierlei bedeuten: Zum einen sollte versucht werden, die Durchlässigkeit des Systems generell zu erhöhen, indem intersektorale Wechsel noch stärker als bisher gefördert bzw. entsprechende Wechselbarrieren wirksam abgebaut werden. Zum anderen sollten aber auch andere Kooperationsformen, und hier insbesondere gemeinsame Forschungsprojekte zwischen akademischen Institutionen und Wirtschaft, vermehrt unterstützt und eingefordert werden, da von diesen ähnlich positive Effekte ausgehen können wie von persönlichen Wechseln.

Will man die Wissenschaftlermobilität fördern, so ist es entscheidend, die konkreten Auswirkungen des Wechsels für die Karriere von Wissenschaftlerinnen und Wissenschaftlern in den Blick zu nehmen. Denn hier scheint es momentan die größten Defizite, insbesondere in der Wechselrichtung aus der Wirtschaft in die Universität, zu geben. Während Karrierestationen an Universitäten und außeruniversitären Einrichtungen (Post-Doc, Projekterfahrung und evtl. Habilitation) kein Hindernis für den Wechsel in die Wirtschaft sind, ist es umgekehrt geradezu unmöglich, nach einem „Zwischenspiel" in der Wirtschaft wieder im akademischen Bereich Fuß zu fassen. Dies hat neben den Vorbehalten, die im universitären Bereich gegenüber der Unternehmensforschung gehegt werden, vor allem damit zu tun, dass Wissenschaftler ohne Wechselerfahrung ihre Karriere im akademischen Bereich zielstrebiger vorantreiben können. Entscheidend hierfür sind Publikationensaktivitäten, die bei Aufenthalten in der Wirtschaft meist weniger konsequent angegangen werden können. Will man hier von Seiten der Wissenschaftspolitik Impulse setzen, um die Wechselaktivitäten zu erhöhen, so müssen temporäre Seitenwechsel im Lebenslauf eine ähnlich große Bedeutung für eine akademische Karriere erhalten, wie dies momentan Publikationen haben.

Weiterhin hat die Untersuchung gezeigt, dass es in einer Wissenschaftlerlaufbahn idealerweise zwei Zeitpunkte gibt, zu denen sich ein Wechsel besonders anbietet, wobei genau dort heute noch zu wenig gewechselt wird: Der erste Zeitpunkt ist unmittelbar nach Abschluss der Promotion, der andere bezieht sich auf den zweiten Mobilitätsschritt und betrifft insbesondere die Richtung vom Unternehmen in die Universität oder zu außeruniversitären FuE-Instituten. Beide Zeitpunkte stellen gewissermaßen windows of opportunity für die Wissenschaftspolitik dar, um mit an die Lebenssituation der Forscher angepassten Maßnahmen die Mobilität zu erhöhen. Da sich frühe Wechselerfahrungen positiv auf die zukünftige Wechselneigung auswirken, können sich entsprechende Maßnahmen zu Beginn einer Forscherkarriere mehrfach positiv auswirken.

Hinsichtlich der Art der Wissensproduktion hat die Untersuchung Hinweise darauf gegeben, dass die Grenzen zwischen grundlagen- und anwendungsorientierter Forschung durchlässiger geworden sind. Im Bewusstsein der Forscher ist die institutionelle Zuordnung allerdings nach wie vor präsent, insbesondere hinsichtlich Forschungsinhalten und Karrierechancen. Zwar wurde angegeben, dass die Institutionen im Hinblick auf Karrieren heute eine gewisse Durchlässigkeit aufweisen, diese ist aber offenbar noch nicht so weit entwickelt, dass Anreizstrukturen und formale Karrierebedingungen insbesondere an den Universitäten damit Schritt gehalten hätten.

Wie Knie und Simon (2006) im Hinblick auf Ausgründungsprozesse festgestellt haben, hängt der Erfolg von Cross-Over-Prozessen von der Organisation und dem Beherrschen der Übergangs- und Tansferräume ab. Dabei geht es um „Eigenschaften und Fähigkeiten, die in der ‚Systemlogik' der Forschungslandschaft nicht automatisch generiert werden, sondern sich eher informell und implizit durchsetzen" (Knie und Simon 2006, S. 13). Hier findet sich eine Parallele zur intersektoralen Mobilität: Die Anreizsysteme für die Wissenschaftler sind ebenso wie die Forschungslandschaft so ausgelegt, dass sie den rekursiven Wissensbildungsprozess nicht automatisch unterstützen. Im Gegenteil, belohnt werden diejenigen, die sich innerhalb der traditionellen Grenzen bewegen. Will man hier neuartige, erweiterte Formen der Wissensproduktion unterstützen, kommt es darauf an, diese als zeitlich befristete, parallele Veranstaltung zu konzipieren.

Aktuelle Programme des Bundesforschungsministeriums wie z. B. „Seitenwechsel auf Zeit" oder der Wettbewerb „Austauschprozesse" in Zusammenarbeit mit dem

Stifterverband für die Deutsche Wissenschaft zielen auf eine höhere Wertschätzung des intersektoralen Wechsels und adressieren damit einen zentralen Punkt. Zusätzlich müssten solche Initiativen aber von entsprechenden Überprüfungen des Hochschulrahmengesetzes und der entsprechenden Regelungen der Länder begleitet werden, die an den formalen Anforderungen für Universitätskarrieren ansetzen.

In unserer Untersuchung wurden überwiegend „High-Potentials" befragt, die einen besonderen Beitrag zur Innovationsfähigkeit in ihrem jeweiligen Sektor leisten. Die Befragten weisen eine besondere, an wissenschaftlichen Erkenntnissen und Ergebnissen orientierte Motivation auf. Entsprechende Bedeutung bei der Überlegung, einen Wechsel tatsächlich zu vollziehen, hatte für sie eine gute Forschungsinfrastruktur und das Renommee der Einrichtung. Insbesondere in den Interviews wurde deutlich, dass die Wissenschaftler sehr sensibel auf Empfehlungen von Politik und Verbänden reagieren und generelle Aufforderungen zu mehr Wechsel in die Wirtschaft oft als Instrumentalisierung betrachten. Zwar haben die befragten Wissenschaftler in der Mehrheit ein Interesse daran, ihre Kenntnisse und Fähigkeiten in unterschiedlichen Kontexten zur Anwendung zu bringen. Ein Wechsel wird aber meist mit einem expliziten Erkenntnisziel verbunden, das sich im Unternehmenskontext nur unter bestimmten Bedingungen erreichen lässt. Dies bedeutet, dass insbesondere eine stärker grundlagenorientierte Forschung in den Unternehmen, größere Freiheiten bei der Festlegung von Themen und die umfangreichere Einbindung von universitären Forscherteams geeignet ist, Wissenschafter aus dem akademischen Umfeld zum Wechsel in die Wirtschaft zu bewegen. In dieser Hinsicht hat die Wirtschaft aber heute noch ein großes Problem, denn nur einige der großen Pharma- und Biotech-Firmen sind heute bereit, entsprechende Forschungskontexte zu finanzieren, die von den universitären Spitzenwissenschaftler als attraktiv eingeschätzt werden und zu einem Wechsel motivieren könnten.

Abschließend soll noch einmal darauf hingewiesen werden, dass die vorgestellten Ergebnisse aus der Untersuchung des Forschungsbereichs „Biomedizin" stammen. In anderen Forschungsbereichen sind möglicherweise andere Zusammenhänge zu beobachten und andere Schlüsse zu ziehen. So ist es z. B. im Maschinenbau oder in der Elektrotechnik längst üblich, dass Professuren mit Forschern besetzt werden können, die längere Zeit in der Industrie gearbeitet haben.

Aufgrund der großen Bedeutung des „Seitenwechsler"-Themas erscheint eine vertiefende Betrachtung in anderen Disziplinen und Technologiefeldern dringend erforderlich. Diese könnte nicht nur die empirische Basis über den Bereich der Biomedizin hinaus erweitern, sondern auch Beispiele und erfolgreiche Strategien aus Bereichen darstellen, in denen der Wissenstransfer über Personenwechsel bereits heute schon gut funktioniert.

Literatur

Academy of Finland (Hg.) 2005: Sustainable and Dynamic Partnership. Research cooperation and research training between universities, research institutes and business and industry, Publications of the Academy of Finland 7/05, Helsinki.

Ajzen, Icek; Fishbein, Martin (1980): Understanding Attitudes and Predicting Social Behavior. Englewood Cliffs, N.J.: Prentice Hall.

Boston Consulting Group (BCG) 2001: Wettbewerbsfähigkeit Deutschlands als Standort für Arzneimittelforschung und -entwicklung. November. München: BCG. www.bcg.com/publications/files/wettbewerbsfahigkeit.pdf.

Bozeman, B.; Dietz J.S.; Gaughan M. (2000): Scientific careers and their social contexts: a scientific and technical human capital model for R&D evaluation. International Journal of Technology Management.

Braun, Dietmar; Giraud, Olivier (2003): „Steuerungsinstrumente", in: Schubert, Klaus und Bandelow, Nils C. (Hg.): Lehrbuch der Politikfeldanalyse, München und Wien, S. 147-174.

Braun-Thürmann, Holger (2005): Soziologie der Innovation. Themen der Soziologie. Bielefeld: Transcript.

Buijs, Jan (2003): Modelling Product Innovation Processes, from Linear Logic to Circular Chaos. In: Creativity and Innovation Management 12 (2), 76–93.

Bundesministerium für Bildung und Forschung (BMBF) (Hrsg.) (2005): Bericht zur technologischen Leistungsfähigkeit Deutschlands. Bonn: BMBF.

Bundesministerium für Bildung und Forschung (BMBF) 2006: Die Hightech-Strategie für Deutschland, Bonn/Berlin.

Callon, Michael (1997): Analysis of Strategic Relations between Firms and University Laboratories. Beitrag zur „Conference on the Need for a New Economics of Science. University of Notre Dame, Paris, 13.-16. März.

Cohen, Wesley; Nelson, Richard; Walsh, John (2002): Links and Impacts: the Influence of Public Research on Industrial R&D. In: Management Science 48 January, p. 1-23.

DaVanzo, Julie (1976): Why Families Move: A Model of the Geographic Mobility of Married Couples. Santa Monica: The Rand Corporation.

Dialogic (2003): Naar een meetlat voor wisselwerking, Authors: Frank Bongers, Pim den Hertog, Rens Vandeberg, Jeroen Segers, October Utrecht: Dialogic.

Doern, Bruce/Phidd, Richard (1992): Canadian Public Policy: Ideas, Structure, Process, Toronto.

Ehrenberg, Ronald G. (2005): Graduate Education, Innovation and Federal Responsibility. Paper presented at the ORAU/CGS Conference on Graduate Education and American Competitiveness, Washington, DC, March 9, 2005.

Etzkowitz, Henry; Peters. L.S. (1991): Profiting from Knowledge: Organizational Innovation and the Evolution of Academic Norms. Minerva 29 (2): 133-166.

European Commission (Directorate-General for Research) 2006b: Mobility of Researchers between Academia and Industry. 12 Practical Recommendations, Brussels.

European Commission (Enterprise Directorate-General) 2001: European Trend Chart on Innovation. Favouring Industry-Science Relationships through Human Capital Mobility. Draft Conclusions, Policy Benchmarking Workshop 25-26 October 2001, Brussels.

European Commission 2006a: Mobility of Researchers and Career Development Implementation Report 2005 (Commission Staff Working Document), Brussels.

European Commission 2006c: Structuring the European Research Area: Human Resources and Mobility, Marie Curie Actions (Work Programme, edition February 2006), Brussels.

European Commission 2007: Work Programme 2008 (Draft CIS), Brussels.

Fishbein, Martin; Ajzen, Icek (1975): Belief, Attitude, Intention and Behavior: An Introduction to Theory and Research. Reading, MA: Addison-Wesley.

Fisher, Claude S. (1982): To Dwell among Friends: Personal Networks in Town and City. Chicago and London: University of Chicago Press.

Foray, Dominique (1997): Generation and Distribution of Technological Knowledge: Incentives, norms, and Institutions. In: Enquist, C. (ed.): Systems of Innovation. Technologies, Institutions and Organisations. London, Washington: Pinter, p. 64-85.

Frank, Andrea (2007): European Researchers of Tomorrow. Präsentation auf der Konferenz EUR Future Nachwuchswissenschaftlerinnen und -wissenschaftler in Europa: Intersektorale Mobilität in Forscherkarrieren, 13.-15. Mai 2007 in Stuttgart. Dokumentation: www.eur-future.eu/downloads/deutsch/referenten/ referent/ws1_afrank_stifterverband.pdf.

Franz, Peter (1989): Mobilität. S. 446-451. In: Endruweit, Günter/ Trommsdorff, Gisela (Hrsg.): Wörterbuch der Soziologie. Band 2: Ich - Rückkopplung. Stuttgart: Enke.

Gaisser, Sibylle; Nusser, Michael; Reiß, Thomas (2005): Stärkung des Pharma-Innovationsstandortes Deutschland. Abschlussbericht im Rahmen des Forschungsvorhabens der Hans-Böckler-Stiftung. Stuttgart: Fraunhofer IRB.

Gambardella, Alfonso; Orsenigo, Luigi; Pammolli, Fabio (2001): Global Competitiveness in Pharmaceuticals. A European Perspective. Report prepared for the Enterprise Directorate-General of the european Commission. November, Enterprise Papers No. 1/2001, Luxemburg.

Godin, Benoît (2006): The Linear Model of Innovation. The Historical Construction of an Analytical Framework. In: Science, Technology & Human Values, Vol. 31, No. 6, 639-667.

Graversen, Ebbe Krogh (2001): Human Capital Mobility into and out of Research Sectors in the Nordic Countries. In: OECD (2001) (ed.): Innovative People. Mobility of Skilled Personnel in National Innovation Systems. Paris. OECD, p. 115-125.

Graversen, Ebbe Krogh (2004): The interplay and interfaces between private firms and public research organisations – Why personnel mobility is an important indicator. Working Paper 2004/5 by The Danish Centre for Studies in Research and Research Policy. The results and the hypothesis presented in this paper were first presented at the 4th ENMOB-meeting in Oslo, September 2003. ENMOB: European Network on Human Mobility.

Gustavus, Susan O.; L.A. Brown (1977): Place Attributes in a Migration Decision Context. Environment and Planning A, 9: 529-548.

Hauknes, Johan; Ekeland, Anders (2002): Mobility of researchers – policy, models and data. STEP report R- 04. Olso.

Hauknes, Johan; Ekeland, Anders (2002): Mobility of researchers – policy, models and data. STEP report R-04, Oslo.

Hinze, S., T. Reiss, I. Dominguez-Lacasa, and S. Wörner, 2001. Einfluss der Biotechnologie auf das Innovationssystem der pharmazeutischen Industrie. Karlsruhe: Fraunhofer ISI.

Höfer, Heirich, Wengel, Jürgen (Hrsg.) (2005): Verkrustungen aufbrechen - Innovation entsteht durch Austausch. Zwischenbericht eines Arbeitsjahres des Impulskreises „Austauschprozesse Wirtschaft-Wissenschaft-Politik" in der Initiative „Partner für Innovation" der Bundesregierung. Stuttgart: IRB.

Jungmittag, A., G. Reger, and T. Reiss (eds.), 2000. Changing Innovation in the Pharmaceutical Industry. Berlin: Springer.

Kalter, Frank (1996): Theorien der Migration. In: Diekmann, A./Müller, U./Nauck, B. (Hrsg.): Handbuch der Bevölkerungswissenschaft. Berlin: de Gruyter.

Kline, Stephen J.; Rosenberg, Nathan (1986): An Overview of Innovation. In: Landau, Ralph; Rosenberg, Nathan (eds.): The Positive Sum Strategy. Harnessing Technology for Economic Growth. Washington: National Academy Press, p. 275-305.

Knie, Andreas; Simon, Dagmar (2006): Forschung im Cross-Over-Modus: Wissenschaftliche Ausgründungen in neuen Arrangements der wissensproduktion. Discussion Paper der Projektgruppe „Wissenschaftspolitik" des WZB. Berlin: Wissenschaftszentrum Berlin für Sozialforschung, April. Online: http://skylla.wzb.eu/pdf/2006/p06-101.pdf.

Koschatzky, Knut (2005): Nutzen von Forschungskooperationen zwischen Wirtschaft und Wissenschaft. In: Fritsch, Michael und Koschatzky, Knut (Hrsg.): Den Wendel gestalten - Perspektiven des Technologietransfers im deutschen Innovationssystem. Zum Gedenken an Franz Pleschak. Stuttgart: IRB, S. 5-69.

Kulicke, Marianne et al. 2005: Untersuchung der Wirksamkeit von PRO INNO – PROgramm INNOvationskompetenz mittelständischer Unternehmen. Modul 1: Einschätzung der Ergebnisse des Programms PRO INNO, Stuttgart.

Kulicke, Marianne et al. 2006: PRO INNO II – PROgramm zur Förderung der Erhöhung der INNOvationskompetenz mittelständischer Unternehmen. Entwicklung des Programmanlaufs von August 2004 bis Ende 2005, Stuttgart.

Laafia, Ibrahim; Stimpson, Alex (2001): Using the Community Labour Survey to Develop Mobility Rates on Human Resource in Science and Technology. In: OECD (2001) (ed.): Innovative People. Mobility of Skilled Personnel in National Innovation Systems. Paris. OECD, p. 129-144.

Ladinsky, H.(1967): Occupational Determinants of Geographic Mobility among Professional Workers. American Sociological Review 32: 253-264.

Lambert, Richard 2003: Lambert Review of Business-University Collaboration. Final Report, December 2003 (http://www.lambertreview.org.uk).

Laudel, Grit, 2002. What do we measure by co-authorships? Research Evaluation 11: 3-15.

Lo, Vivien/Kulicke, Marianne/Kirner, Eva 2006: Untersuchung der Wirksamkeit von PRO INNO – PROgramm INNOvationskompetenz mittelständischer Unternehmen. Modul 2: Analyse von in den Jahren 2001/2002 abgeschlossenen FuE-Kooperationsprojekten, Stuttgart.

Lowi, Theodore J. 1972: „Four Systems of Policy, Politics, and Choice", in: Public Administration Review, 33, S. 298-310.

Mayntz, Renate 1982: „Problemverarbeitung durch das politisch-administrative System", in: Hesse, Joachim J. (Hg.): Politikwissenschaft und Verwaltungswissenschaft (PVS Sonderheft 13), Opladen, S. 74-89.

Nas, Svein Olav; Ekeland, Anders; Svanfeldt, Christian; Akerblom, Mikael (2001): Knowledge Transfer through Labour Mobility in the Nordic Countries: Structure and Dynamics. In: OECD (2001) (ed.): Innovative People. Mobility of Skilled Personnel in National Innovation Systems. Paris. OECD, p. 71-90.

Nusser, Michael (2005): Pharma-Innovationsstandort Deutschland: Leistungsfähigkeit, Innovationshemmnisse und Handlungsempfehlungen. In: GGW - Das Wissenstransferforum in Gesundheit und Gesellschaft Nr. 3/2005, S. 15-27.

OECD 2002: Benchmarking Industry-Science Relationships. Paris: OECD.

Pal, Leslie A. 2006: Beyond Policy Analysis. Public Issue Management in Turbulent Times, Toronto.

Poganatz, Hilmar 2005: „Die Weltenwechsler", in: Rheinischer Merkur, 09.06.2005.

Powell, Walter W.; White, Douglas R.; Koput, Kenneth W.; Owen-Smith, Jason (1997): Network Dynamics and Field Evolution. The Growth of Interorganizational Collaboration in the Life Sciences. American Journal of Sociology.

Rammert, Werner (1997): Innovation im Netz. Neue Zeiten für technische Innovationen: heterogen verteilt und interaktiv vernetzt. In: Soziale Welt, Jg. 48, H. 4, S. 397-416.

Salter, Ammon; Martin, Ben (2001): The economic benefits of publicly funded basic research: A critical review. In: Research Policy, Vol. 30, Issue 3, p. 509-532

Sandefour, Gary D. and Wilbur J. Scott (1981): A Dynamic Analysis of Migration: An Assessment of the Effects of Age, Familiy and Career Variables. Demography 18: 355-368.

Schmoch, U., T. Heinze, S. Hinze, and R. Rangnow (2003): Mapping Excellence in Science and Technology in Europe. Draft report. Karlsruhe: Fraunhofer ISI (unveröffentlichtes Manuskript).

Schmoch, Ulrich; Licht, Georg; Reinhard, Michael (Hrsg.) (2000): Wissens- und Technologietransfer in Deutschland. Fraunhofer IRB Verlag, Stuttgart.

SPRU (2000): Talent, Not Technology: Publicly Funded Research and Innovation in the United Kindgom. Authors: Ammon Salter, Pablo D'Este, Ben Martin, Aldo Geuna, Alister Scott, Keith Pavitt, Pari Patel, Paul Nightingale. Science and Technology Policy Research (SPRU). Sussex: University of Sussex.

Stokes, D. E., 1997. Pasteur's Quadrant: Basic Science and Technological Innovation. Washington: Brookings Institution.

Weingart, Peter (1999): Neue Formen der Wissensproduktion: Fakt, Fiktion und Mode In: TA-Datenbank-Nachrichten, Nr. 3 / 4, 8. Jahrgang - Dezember 1999, S. 48-57.

Weingart, Peter (2001): Die Stunde der Wahrheit? Zum Verhältnis der Wissenschaft zu Politik, Wirtschaft und Medien in der Wissensgesellschaft. Weilerswist: Vielbrück Wissenschaft.

Windhoff-Héritier, Adrienne 1987: Policy-Analyse. Eine Einführung, Frankfurt/Main.

Wissenschaftsrat (2005): Empfehlungen zur Ausgestaltung von Berufungsverfahren (Drs. 6709-05), Jena.

Zellner, Christian (2003): The economic effects of basic research: evidence for embodied knowledge transfer via scientists' migration. Research Policy 32, 1881-1895.

Anhang 1

Anhang 1: Fragebogen

Bitte ausgefüllt bis 20. Juli 2005 zurücksenden an: Fraunhofer ISI, Breslauer Str. 48, 76139 Karlsruhe

A. Mobilität als Form des Wissenstransfers

1 Wünschen Sie eine Kurzfassung der Ergebnisse? ☐ Ja ☐ Nein

2 Wie viele Wissenschaftler hat Ihre Forschungseinrichtung am Standort? ☐

3 Welche der folgenden Kooperationserfahrungen haben Sie persönlich im Laufe Ihrer beruflichen Laufbahn gemacht? (Mehrfachantworten möglich)

	Ja	Nein	weiß nicht
Gemeinsame Forschungsprojekte mit Wissenschaftlern anderer Forschungseinrichtungen	☐	☐	☐
Gemeinsame Publikationen mit Wissenschaftlern anderer Forschungseinrichtungen	☐	☐	☐
Auftragsforschung bzw. privat finanzierte Forschung	☐	☐	☐
Gemeinsame Patente/ Patentanträge	☐	☐	☐
Lizenzierungen (Ein-, Aus-, Kreuzlizenzierung)	☐	☐	☐
Gemeinsame Labornutzung bzw. gemeinsamer Laborbetrieb	☐	☐	☐
Beratung, Gutachten für Unternehmen	☐	☐	☐
Ausgründung / Arbeit im eigenen Unternehmen	☐	☐	☐
Frühere Anstellung an - einer (anderen) Universität / Uni-Klinik	☐	☐	☐
- in einem Unternehmen	☐	☐	☐
- einer außeruniversitären Forschungseinrichtung (MPG, HGF, FhG, WGL)	☐	☐	☐
- sonstige: _____	☐	☐	☐
Sonstiges (bitte ausführen):	☐	☐	☐

_____

4 Nennen Sie uns bitte Ihr Geburtsjahr _____

Wenn Sie Rückfragen haben: Dr. Bernd Beckert Tel.: 0721-6809-171 oder Ralf Lindner Tel.: -292

Bitte ausgefüllt bis 20. Juli 2005 zurücksenden an: Fraunhofer ISI, Breslauer Str. 48, 76139 Karlsruhe

B. Berufliche Mobilität

6 Wenn Sie an Ihren bisherigen beruflichen Werdegang denken: In welchen Einrichtungen waren Sie nach Ihrem Studium für einen Zeitraum von mindestens 6 Monaten beschäftigt? (inkl. Ihrer jetzigen Position)

(Bitte füllen Sie zunächst diese Spalte aus und beantworten Sie dann die Fragen auf dieser Doppelseite für jeden Wechsel, den Sie vorgenommen haben)

7 Was waren damals die jeweiligen Hauptgründe für die Entscheidung, dort zu arbeiten? (Mehrfachangaben möglich)

Spalten: Zeitraum der Beschäftigung von bis (Jahresangaben) | Attraktives Stellenangebot | Keine Stelle bei bisheriger Einrichtung verfügbar | Befristung der vorherigen Stelle, keine Verlängerung möglich | Private/ familiäre Gründe | Anstellung/ Wechsel als Sprungbrett für weitere Karriere | Aussicht auf bessere Bezahlung | Herausforderung, etwas Neues zu machen | Wunsch, das gelernte Wissen in die Anwendung zu bringen | Enttäuschung/ Unzufriedenheit mit bisheriger Art der Forschung | Zufall, war nicht geplant | Sonstiges, und zwar:

8 War ein Ortswechsel nötig? (Ja / Nein)

Zeilen:
- Universität A (bitte nennen)
- Universität B (bitte nennen)
- Unternehmen A (bitte nennen)
- Unternehmen B (bitte nennen)
- FuE-Einrichtung A (bitte nennen)
- FuE-Einrichtung B (bitte nennen)
- Sonstige (bitte nennen)

S. 2 von 6   Wenn Sie Rückfragen haben: Dr. Bernd Beckert Tel.: 0721-6809-171 oder Ralf Lindner Tel.: -292

Anhang 1

9 Art der Forschung?		10 Wie sind Sie auf die jeweilige Stelle aufmerksam geworden? (Mehrfachangaben möglich)					11 Auswirkungen auf die Beziehungen zur jeweils letzten Einrichtung?				12 Veränderungen des fachlichen Netzwerks durch den Wechsel?			13 Wie hat sich der jeweilige Wechsel auf Ihre berufliche Laufbahn ausgewirkt?			14 Wie hat sich der jeweilige Wechsel auf Ihre Publikationsaktivität ausgewirkt?			15 Wie hat sich der jeweilige Wechsel auf Ihre Patentaktivität ausgewirkt?		
Eher grundlagenorientiert	Eher anwendungsorientiert	Zeitungs-/Zeitschriftenannoncen/ Internet	Informelle Kontakte der Forschung (Konferenzen, Vorträge)	Vorherige gemeinsame (FuE)-Projekte	Vermittlung / Empfehlung durch Kollegen / Vorgesetzte	Beratungs-/Gutachtertätigkeiten für diese Einrichtung	Die beruflichen Beziehungen sind "eingeschlafen"	Die Beziehungen sind im Großen und Ganzen erhalten geblieben	Die Beziehungen wurden erweitert/ neue gemeinsame Projekte	Alte Einrichtung ohne Bezug zur neuen Tätigkeit	Mein Netzwerk ist thematisch vielfältiger geworden	Mein Netzwerk ist nun interdisziplinärer ausgerichtet als vorher	Mein Netzwerk hat sich stärker focussiert auf mein Spezialgebiet	Karrierefördernd	Neutral / keine Auswirkung	Karrierehemmend	Negativ	Neutral, keine Auswirkung / trifft auf mich nicht zu	Positiv	Negativ	Neutral, keine Auswirkung / trifft auf mich nicht zu	Positiv
☐	☐	☐	☐	☐	☐	☐	☐	☐	☐	☐	☐	☐	☐	☐	☐	☐	☐	☐	☐	☐	☐	☐
☐	☐	☐	☐	☐	☐	☐	☐	☐	☐	☐	☐	☐	☐	☐	☐	☐	☐	☐	☐	☐	☐	☐
☐	☐	☐	☐	☐	☐	☐	☐	☐	☐	☐	☐	☐	☐	☐	☐	☐	☐	☐	☐	☐	☐	☐
☐	☐	☐	☐	☐	☐	☐	☐	☐	☐	☐	☐	☐	☐	☐	☐	☐	☐	☐	☐	☐	☐	☐
☐	☐	☐	☐	☐	☐	☐	☐	☐	☐	☐	☐	☐	☐	☐	☐	☐	☐	☐	☐	☐	☐	☐
☐	☐	☐	☐	☐	☐	☐	☐	☐	☐	☐	☐	☐	☐	☐	☐	☐	☐	☐	☐	☐	☐	☐
☐	☐	☐	☐	☐	☐	☐	☐	☐	☐	☐	☐	☐	☐	☐	☐	☐	☐	☐	☐	☐	☐	☐

Bitte ausgefüllt bis 20. Juli 2005 zurücksenden an: Fraunhofer ISI, Breslauer Str. 48, 76139 Karlsruhe

C. Wirkungen von Kooperationen und Mobilität

16 Bitte bewerten Sie die von Ihnen praktizierten Kooperationsarten hinsichtlich ihrer Wirkungen auf Ihre Publikations- und Patentaktivitäten

	Negativ	Neutral	Positiv	Trifft auf mich nicht zu
Gemeinsame, öffentlich finanzierte Forschungsprojekte				
im Hinblick auf Publikationsaktivität	☐	☐	☐	☐
im Hinblick auf Patentaktivität	☐	☐	☐	☐
Auftragsforschung bzw. privat finanzierte Forschung				
im Hinblick auf Publikationsaktivität	☐	☐	☐	☐
im Hinblick auf Patentaktivität	☐	☐	☐	☐
Beratung, Gutachten für Unternehmen				
im Hinblick auf Publikationsaktivität	☐	☐	☐	☐
im Hinblick auf Patentaktivität	☐	☐	☐	☐
Beratung, Gutachten für FuE-Einrichtung				
im Hinblick auf Publikationsaktivität	☐	☐	☐	☐
im Hinblick auf Patentaktivität	☐	☐	☐	☐
Arbeit im eigenen Unternehmen / Ausgründung				
im Hinblick auf Publikationsaktivität	☐	☐	☐	☐
im Hinblick auf Patentaktivität	☐	☐	☐	☐
Sonstiges (bitte ausführen): _____				
im Hinblick auf Publikationsaktivität	☐	☐	☐	☐
im Hinblick auf Publikationsaktivität	☐	☐	☐	☐

Anhang 1

Bitte ausgefüllt bis 20. Juli 2005 zurücksenden an: Fraunhofer ISI, Breslauer Str. 48, 76139 Karlsruhe

D. Gründe für Nicht-Mobilität

Falls Sie heute bei der selben Institution arbeiten wie nach dem Studienabschluss, d.h. bisher keinen persönlichen Wechsel vollzogen haben, beantworten Sie bitte diese Frage. Ansonsten gleich weiter mit den Abschlussfragen

17   Warum haben Sie selbst nicht zu einem anderen Einrichtungstypus (Uni, MPG, FhG, Unternehmen usw.) gewechselt? Welche dieser Gründe treffen am ehesten zu? (Mehrfachangaben möglich)

- Keine Stelle frei / kein Angebot ☐
- Kam nicht in Frage, weil damit ein Ortswechsel verbunden gewesen wäre ☐
- Kam nicht in Frage, weil die Art der Forschung dort für mich nicht attraktiv ist ☐
- Hätte meiner Karriere in der Wissenschaft nichts genutzt ☐
- Ziehe andere Formen des Wissenstransfers vor ☐
- Hat sich zufällig nicht ergeben ☐
- Sonstiges (bitte nennen): ☐

E. Abschlussfragen

18   Was sind Ihrer Meinung nach die wichtigsten *förderlichen* Faktoren für die berufliche Mobilität zwischen verschiedenen Einrichtungstypen (Uni, MPG, FhG, Unternehmen usw.)? (Mehrfachangaben möglich)

- Zunehmende Ähnlichkeit der Forschungstätigkeiten öffentlich / privat ☐
- Renommee der Einrichtung ☐
- Finanzielle Anreize ☐
- Gute Forschungsinfrastruktur / Ausstattung ☐
- Technologische Veränderungen des Forschungsgebiets (z.B. Kombination Genetik und Informatik) ☐
- Durchlässigkeit der Institutionen im Hinblick auf Karrieren ☐
- Schlechte Perspektiven an Universität/ an öffentlichen Einrichtungen ☐
- Sonstige (bitte nennen):

Wenn Sie Rückfragen haben: Dr. Bernd Beckert Tel.: 0721-6809-171 oder Ralf Lindner Tel.: -292

Bitte ausgefüllt bis 20. Juli 2005 zurücksenden an: Fraunhofer ISI, Breslauer Str. 48, 76139 Karlsruhe

19 **Was sind Ihrer Meinung nach die wichtigsten *Hemmnisse* für berufliche Mobilität zwischen verschiedenen Einrichtungstypen (Uni, MPG, FhG, Unternehmen usw.)?** (Mehrfachangaben möglich)

Arbeit in öffentlicher Forschung nicht karrierefördernd für Unternehmenslaufbahn ☐

Unternehmenserfahrung nicht karrierefördernd für akademische Laufbahn ☐

Problem der Altersgrenzen ☐

Private / familiäre Entscheidungsprozesse, fehlende Bereitschaft zum Ortswechsel ☐

Fehlende Rückkehroptionen nach sektoralem Wechsel bei Nichtgefallen ☐

Unsicherheiten im Jobstatus / Befristungen im Wissenschaftsbereich (HRG) ☐

Inkompatibilitäten der Art der wissenschaftlichen Arbeit (z.B. Publikationen versus Vertraulichkeit) ☐

Transfer von Pensionen und sozialen Sicherungsrechten ☐

Sonstige (bitte nennen):
_____

20 **Sind Ihnen staatliche Programme zur Förderung des Wissenstransfers über Personen bekannt?**

Ja ☐   bitte nennen: _____   Nein ☐

Haben Sie an einem der Programme persönlich teilgenommen?

Ja ☐   Nein ☐

Wie schätzen Sie den Nutzen solcher Programme ein, worauf sollten sich staatliche Maßnahmen zur Förderung der Wissenschaftlermobilität konzentrieren?

_____

Vielen Dank für Ihre Teilnahme!

Wenn Sie Rückfragen haben: Dr. Bernd Beckert Tel.: 0721-6809-171 oder Ralf Lindner Tel.: -292

Anhang 2: Interviewleitfaden

I. Ursachen der Mobilität

Was waren insgesamt betrachtet die wichtigsten Motive für den Wechsel?

In welcher Lebensphase fand der Wechsel statt? Ist das dual career problem relevant?

Welches sind die wichtigsten förderlichen Faktoren für den Wechsel? (Für Sie persönlich oder auch als allgemeine Einschätzung.)

Welches sind typische Hemmnisse für Mobilität? (Für Sie persönlich, oder auch als allgemeine Einschätzung.)

II. Wirkungen der Mobilität
Personale Ebene

- Gesamtbilanz: Haben sich die jeweiligen Wechsel ausgezahlt?
  - in Bezug auf karriereorientierte Ziele,
  - in Bezug auf wissenschaftliche Ziele,
  - in Bezug auf finanzielle Ziele?
- Falls auch ins Ausland gewechselt wurde: Wie lassen sich die Wirkungen des Auslandsaufenthaltes beschreiben?
- Haben sich durch den Wechsel persönliche, berufliche Netzwerke gebildet, die Ihnen weiterhin nutzen? Gab es bereits vor dem Wechsel Interaktionen zwischen den Einrichtungen oder wurden diese erst durch den Wechsel etabliert? Wie haben sich die Netzwerke durch den Wechsel verändert? (Netzwerkfrage im Detail: Bei Frage 12 haben Unternehmensangehörige angegeben, ihr fachliches Netzwerk sein nicht vielfältiger geworden, gleichzeitig aber sagen sie, dass ihr Netzwerk interdisziplinärer geworden sei. Dies ist schwer zu interpretieren. Was haben die Wissenschaftler damit gemeint? Nachfragen bei den betroffenen Fällen.)
- Frage auch: Sind heterogene Teams kreativer / innovativer als homogene Teams, was bringen unterschiedliche Erfahrungshintergründe wirklich?
- Welches Wissen wird exakt transferiert: Details, Methoden etc.?
- Verändern sich die Forschungsinhalte, in welcher Weise und mit welchen Konsequenzen?
- Auswirkung auf Publikations-/Patentaktivitäten (für uns eine Messgröße für die Wirkung von Mobilität): Was würden Sie sagen war wichtiger für Ihre eigenen Publikations-/Patentaktivitäten: Die Erfahrung, die Sie durch den Wechsel gemacht haben oder die Erfahrung durch Forschungsprojekte mit anderen Wissenschaftlern? Wie ist hier Ihre allgemeine Einschätzung: Können Forschungsprojekte mit Wissenschaftlern unterschiedlicher Herkunft einen persönlichen Wechsel ersetzen? Könnte man sich den ganzen Stress mit dem Wechseln sparen, wenn man nur genügend Forschungsprojekte mit heterogenen Wissenschaftlern hätte?

Ebene der allgemeinen Einschätzungen (aus eigener Erfahrung oder aus Beobachtung von Kollegen)

- Welche negativen Effekte der Mobilität sehen Sie: Brain Drain, auch intersektoral (z. B. kein zurück mehr in die Universität möglich)?

- Falls Sie an einer Universität arbeiten, aber über Unternehmenserfahrung verfügen aus eigener Erfahrung, ansonsten als allgemeine Einschätzung: Trifft es zu, dass Wissenschaftler, die einmal in einem Unternehmen waren, es schwerer haben, eine Uni-Karriere voranzutreiben als solche, die immer an der Uni geblieben sind? Und wie ist es umgekehrt? (Hintergrund der Frage: Wie durchlässig ist das deutsche System, wie werden an Unis Unternehmenserfahrungen geschätzt und wie werden in Unternehmen Uni-Arbeiten geschätzt? Muss man sich frühzeitig festlegen oder kann man hin- und herwechseln wie es sich gerade ergibt?)

III. Einschätzung der politischen Situation / politischen Programme

- Liegen eigene Erfahrungen mit Fördermaßnahmen vor (persönlich, bezogen auf Mitglieder der Arbeitsgruppe)?
- Wenn ja, welche (bitte Programme nennen)? Auflistung der wichtigsten Vor- und Nachteile der jeweiligen Programme.
- Allgemeine Einschätzung: Ist die Förderung intersektoraler Wechsel überhaupt ein politisches Handlungsfeld? Oder sollte dies der Initiative des Einzelnen überlassen bleiben?
- Allgemeine Einschätzung: Wird das deutsche FuE-System tatsächlich als starr und undurchlässig empfunden? Wenn ja, welches sind die zentralen Gründe für diese Undurchlässigkeit (z. B. rechtliche Faktoren wie TVöD, aber auch Paradigmen und Belohnungs-Anreizsysteme, Geheimhaltung) und wie könnten diese Hemmnisse abgebaut werden?
- Sollte man statt persönlicher Mobilität, Forschungsprojekte fördern, die Universitäten und Unternehmen einbinden?
- Einschätzung von (zukünftigem) Förderbedarf, bezogen auf nationale wie internationale Mobilität.